SOCCER TECHNICAL REPORT《サッカーテクニカルレポート》

超一流のサッカー分析学

小野剛
FIFAインストラクター
元日本代表コーチ

KANZEN

サッカーテクニカルレポート

SOCCER TECHNICAL REPORT

超一流のサッカー分析学

プロローグ

目指すべきサッカースタイルの確立

第1章

熱狂と悔恨の果て

2018W杯 ロシア大会

第3章 未知との遭遇

第4章

トライ&エラー

プロローグ

目指すべきサッカースタイルの確立

ロシアW杯に課せられたミッション

２０１８年４月９日、ロシアW杯開幕を約２カ月後に控えた段階で、ヴァイッド・ハリルホジッチ日本代表監督の契約解除が発表されました。

大会直前での監督交代は、日本中に驚きをもたらしたのではないでしょうか。

日本サッカー協会技術委員長を務めていた西野朗さんが後任に選ばれたことで、技術委員会も再編されました。その２カ月ほど前から関塚隆さんとともに日本サッカー協会技術委員となっていた私は、ＦＣ今治、ＦＩＦＡインストラクターの仕事と同時進行で日本代表の強化、そして、日本サッカー界の進歩・発展に力を注ぐことになりました。

技術委員としての仕事のひとつが、技術委員長に就任した関塚さんの下で補佐することでした。西野さんが抜けたことで、日本サッカー界を支えてきた技術委員会自体が揺らぐことのないよう、一枚岩となって進む必要があったのです。

記者会見での田嶋幸三・日本サッカー協会会長の言葉を借りるなら、日本サッカー界に携わる全員が「すべての英知を結集すべきとき」と自覚していました。

ロシアW杯での対戦が決まっていたコロンビア、セネガル、ポーランドに関するデータ収集や分析、いわゆるスカウティングは現場のスタッフに任せて、私は日本代表チームが最高の状態でゲームに専念できるようにフォローしました。

ロシアW杯での成功は、日本サッカー界にとって大事なミッションでした。大会直前に思い切った監督交代を決断し、それで結果が伴わないようなら批判は免れません。責任を取って現場を離れざるを得ないサッカー関係者がたくさん出たでしょうし、ひいては日本サッカー界全体の歩みが滞ることも懸念されました。

ロシアW杯は失敗が許されない大会——。そんな表現も大袈裟ではなかったと思います。

子どもたちを本当に成長させるために

ただし、田嶋会長はワールドカップ後のことも気にかけていました。ロシアW杯の結果が大事だったのは言うまでもありませんが、それがすべてではない。

その先のステップを踏むため、日本サッカー界をより良くするため、「力を合わせて頑張って欲しい」。田嶋会長は繰り返し、そんな言葉を発していました。

日本サッカーの真の発展のためには、もう一度育成の体制そのものから見直して、しっかりと強化することが必要だ。育成の成功なくして日本が世界で勝つことはできない。それが従来から一貫した私の考えで、周囲にも異論はなかったと思います。

最前線で戦う代表チームの強化にばかり気を取られて、ベースとなる若年層の強化を怠っては、その歪みを10年先に負ってしまうことになる。そのことを協会関係者全員で、改めて確認し合いました。

育成年代の体制は、私が技術委員長をしていた2006年以降、ずいぶんと変わりました。例えば、6（小学校）-3（中学校）-3（高校）制の影響でブツ切りになりがちだった強化の流れを一本化する取り組み（国体をU-18からU-16に引き下げることで、中学・高校年代の境目を取り除き、さらに中学・高校の先生、クラブの指導者がまじわることになる）や、積極的なリーグ戦の導入です。

一発勝負のトーナメントの良さもありますが、それだけでは、どうしてもリスクを封印した戦い方が多くなってしまいます。試合に勝ちたい子どもたち、勝たせてあげたい指導者たちがいるなか、チャレンジして負けたらその時点でシーズンが終わってしまう。ひとつでも多くの試合を経験させたい。そう思えば思うほど、例えば少々テクニックに難のあるDFには、しっかりパスをつないでいくことにチャレンジさせるよりは「いいから前に蹴っておけ」と、そう考えるのも無理はありません。

しかし、その先に本当の勝利、子どもたちの成長があるでしょうか。

2011年には全日本少年サッカー大会が11人制から8人制に変更されました。それは、より多くの選手が攻守両面に絡み、さらにゴール前での攻防が多くなることを狙いとした、ひとつの改革でした。

リーグ戦の導入や少人数制への移行などいくつかの改革は実を結びました。しかし、私が協会を離れて数年経ったいま、それらを継続するだけでなく、さらに進化させるという発想にまでは正直至っていないような気がしました。

だから、もう一度、日本サッカー全体のグランドデザインを描こうとなったのです。そうした取り組みは、あるいは、日本代表の戦い方やシステムよりも大事なことかもしれません。

ワールドカップなどの主要大会後に作成しているテクニカルレポートに関しても、日本代表の強化のため、指導者養成の材料というばかりではなく、日本全体がもっともっと強くなっていくための戦略につながるようでなくては意味がない。そのような方向性を改めて確認しました。

そのようななか、私自身はいま世界各国の育成現場などを視察し、日本サッカー界にフィードバックする仕事に励んでいるのもその意味からです。

「長所を伸ばす」指導育成

日本代表においても、それ以外のプロクラブ、大学生、あるいはユース以下の育成年代でも、選手の指導方法は大まかに言えば2通りあると思います。

ひとつは、足りないところを補うやり方。もうひとつは、強みを伸ばすやり方です。

これは私なりの経験に基づいた考え方ですが、足りないところにばかり目を向けて指示しても、選手が前向きな気持ちでトレーニングすることはないと思うのです。

どの選手も必ず持っている、良い部分を見てあげる。

それが、私が行き着いたひとつの指導ポリシーです。

「ヘディングが弱いから、もっとトレーニングしろ」

「つなぐのが下手だから、パスの精度を上げろ」

そう叱咤するよりも、

「足元のテクニックがあるのだから、もう少し周囲と連係して攻めよう」

「ロングボールを蹴る力を生かすために、もっと精度を上げよう」

そう言ってあげた方が、選手は能動的にトレーニングに取り組めるはずです。

日本全体をとってみても全く同様です。長所＝ストロングな部分を伸ばすことで、トータルのレベルを上げる。

そのためには、選手たちに自分の武器を認識させることが重要です。自分にどういった良さがあり、どの部分で勝負すべきなのか。自分の良さ、自分の武器を知らない限り、ピッチ上で自分自身を表現することは難しいと思います。

加えて、自分たち自身で勝手に卑下しているような部分にこそ、実は相手の脅威になっているものがあるかもしれない。そこを見つめ直すことが大事だと思います。

私が技術委員長をしていた当時は、イビチャ・オシム監督は「日本人はもっと自信を持つべき。外国の真似をするのではなく、日本らしさを伸ばせばいい」という、いわゆる「日本サッカーを日本化する」方向性を意識していましたが、近年ではそうした流れよりはむしろ、自分たちに足りない部分に目を向けていく方向性が強くなっていたようにも思います。

もちろんどちらも大切ですが、いいバランスに持っていくことが大切だと思っています。

自国を率いて戦う監督の覚悟

日本代表監督に就任した西野朗さんは、自分たちの武器を磨くことに注力しました。もちろん、足りないところに目をつぶっておくわけにもいかないので、長所と短所をバランスよく伸ばすことで、選手たちの良さを引き出そうとしていました。

ロシアW杯以降も、日本人らしさを磨く姿勢が強化指針のひとつとなっています。

日本人だからいい、外国人だからダメという話ではなく、日本サッカーの将来をどのように描いているかの問題でしょうが、「ようやく日本が弱いことがわかったでしょう」というような監督の下では、選手たちが生き生きとピッチに出ていくことは難しいでしょう。

「世界はこうだから、こうしよう」と声をかけるのはいいと思いますが、「だからダメなんだ」と頭ごなしに言われるだけでは、選手たちの良さはなかなか出てきません。

岡田武史さんは、日本代表を率いてベスト16に進出した大会を振り返って「(指導者の)みなさんが汗を流して積み上げてきたレンガの、最後のひとつを乗せただけ」という言い方をしました。日本サッカーの歴史と未来において、自分が代表チームに尽力したのはある一時期ですが、それ以前にはみなさんの努力があり、そして、この先の日本サッカーを支えるのもみなさんの力である。そう言いたかったのでしょう。

オシムさんのように日本サッカー全体のこと、未来のことまで考慮してくれる特別な外国籍の監督もいますが、外国籍監督と自国民の監督とでは、意識はまったく異なることが多々あると思います。それは世界中どの国でも当てはまる〝常識〟かもしれません。

私と付き合いのあるヨーロッパの指導者たちも、「一番難しいのは自国の監督をやることだ」と断言しています。

イタリア人のファビオ・カペッロがイングランド代表の監督をしていたとき、イタリア代表の監督を務めていた同じくイタリア人のマルチェロ・リッピが、「お前が羨ましい。俺は逃げることができないよ」とこぼしていたと聞きました。

他の国の監督を務めた場合、結果が出なければ自国に戻って指揮する新しい自分を思い描けばいい。言葉は悪くなりますが、ダメでも逃げることができるのです。

しかし、自分の国を率いて成功にたどり着けなければ、逃げ道はありません。それまでに築きあげてきた功績や人間関係までも損なわれる可能性すらあります。

自国の監督を引き受けるということは、すなわち、人生を懸けて戦うということです。全部を背負って戦わないといけない。だから、多くの国では敬遠される、あるいはキャリアの最後にしか受けようとしないのも無理はありません。

しかし、逆の見方をすると、自国を率いている監督は覚悟が違います。後がない状態で仕事に打ち込んでいるから、人生を懸けて臨んでいるから、取り組み方そのものが違う。

ワールドカップ優勝国と監督の国籍				
回	開催年	開催国	優勝国	監督（国籍）
1	1930	ウルグアイ	ウルグアイ	アルベルト・スピシ（ウルグアイ）
2	1934	イタリア	イタリア	ビットーリオ・ポッソ（イタリア）
3	1938	フランス	イタリア	ビットーリオ・ポッソ（イタリア）
4	1950	ブラジル	ウルグアイ	フアン・ロペス（ウルグアイ）
5	1954	スイス	西ドイツ	ゼップ・ヘルベルガー（西ドイツ）
6	1958	スウェーデン	ブラジル	ビセンテ・フェオラ（ブラジル）
7	1962	チリ	ブラジル	アイモレ・モレイラ（ブラジル）
8	1966	イングランド	イングランド	アルフ・ラムゼイ（イングランド）
9	1970	メキシコ	ブラジル	マリオ・ザガロ（ブラジル）
10	1974	西ドイツ	西ドイツ	ヘルムート・シェーン（西ドイツ）
11	1978	アルゼンチン	アルゼンチン	セサル・ルイス・メノッティ（アルゼンチン）
12	1982	スペイン	イタリア	エンツォ・ベアルツォット（イタリア）
13	1986	メキシコ	アルゼンチン	カルロス・ビラルド（アルゼンチン）
14	1990	イタリア	西ドイツ	フランツ・ベッケンバウアー（西ドイツ）
15	1994	アメリカ	ブラジル	カルロス・アルベルト・パレイラ（ブラジル）
16	1998	フランス	フランス	エメ・ジャケ（フランス）
17	2002	日本／韓国	ブラジル	ルイス・フェリペ・スコラーリ（ブラジル）
18	2006	ドイツ	イタリア	マルチェロ・リッピ（イタリア）
19	2010	南アフリカ	スペイン	ビセンテ・デル・ボスケ（スペイン）
20	2014	ブラジル	ドイツ	ヨアヒム・レーブ（ドイツ）
21	2018	ロシア	フランス	ディディエ・デシャン（フランス）

過去のワールドカップを見ても、頂点に立ったことがあるのは自国出身監督が率いるチームのみというのは、その覚悟と無関係ではないように思えます。ロシアW杯で日本代表を指揮することを引き受けた西野監督にも、同じ覚悟があったのは想像に難くありません。

不退転の覚悟で臨んだ西野朗監督

最大の評価基準が結果となる外国籍監督の場合、導入するサッカースタイルや強化の方向性は、その国全体の成長につながる継続的な強化路線とは異なるケースが多いかもしれません。

将来のことを考えて、もっと若い選手を使って欲しいと意見したところで、「それで負けたらクビを切られるのは俺だろ」と反論されたら、返す言葉がありません。そのような問題は代表に限らず、クラブでも言えることですが。

かといって、日本代表はこの先、未来永劫ずっと日本人監督がいいというわけではありません。いずれは、大きく舵を切らなければいけないときが来るかもしれません。誰かが悪者になってでも世代交代に踏み切るべきときが来るかもしれませんし、膠着化した状況を打開するため強い刺激が必要となるときもあるかもしれません。そのようなときには外国籍監督に任せる方が賢明でしょう。

そう考えると、今後も世界のサッカーの流れと日本が置かれた状況を見ながら、国籍を問わず、そのときそのときに適した指揮官を選んでいくのがベストではないでしょうか。

多少の浮き沈みがあったとしても、大きな流れとして右肩上がりで進んでいければいい。日本代表がロシアW杯へ向けて準備の最終段階に入っていたなか、私は一人、次のステップに向けた仕事に取り組んでいました。日本が対戦するコロンビア、セネガル、ポーランドの分析は現場のテクニカルスタッフ3人に任せて、イングランドに飛びました。

イングランドで開催されたU-17 UEFAチャンピオンシップでヨーロッパの育成の最先端を視察しながら、イングランドの若年層強化の実態リサーチに行ったのです。

イングランドのフル代表は、1966年に自国で開催されたワールドカップで初優勝して以降、国際大会で結果を残せていません。世界のトップレベルから取り残されている現状を憂えた協会関係者が「イングランドDNA」という一大プロジェクトを立ち上げてユース年代の強化に取り組み、その努力が2017年に開かれたU-20とU-17のワールドカップの2つの世界大会で優勝という素晴らしい形で実を結んだのです。

私はFA（イングランドサッカー協会）の関係者に話を聞くなどして、イングランドの若年層の強化体制の裏側にあるコンセプトを探ってきました。イングランドで学んだことを日本の育成年代の指導に照らし合わせフィードバックできれば、必ず日本全体の強化につながるはずです。

ロシアW杯が始まると、テクニカルスタディグループの一員としてロシアに渡りました。大会自体を分析し、今後の日本サッカーに生かすことが第一、日本が対戦するチームの分析が第二の仕事となりました。

通算6度目のワールドカップに臨んだ日本代表は、第1戦で南米の強豪コロンビアと対戦しました。

4年前のブラジルW杯のとき、1‐4で完敗した因縁の相手です。しかし、選手たちは堂々とピッチに立ち、日本らしさを存分に発揮しました。全員がハードワークを惜しまず、攻守ともに連動するスタイルで試合を進めました。

開始早々に香川真司のPKで先制し、相手選手の退場で数的優位となるなか一時は同点に追いつかれたものの、73分に大迫勇也がヘディングシュートを押し込み、白星スタートとなりました。

続くセネガル戦は点の取り合いとなりましたが、世界大会におけるこれまでの日本のように、力負けするシーンは見られませんでした。最後は西野監督が信頼したベテラン、本田圭佑と岡崎慎司がペナルティエリア内でしっかり仕事をして、貴重な勝点1を獲得しました。

グループリーグ最終ポーランド戦も、まさに西野監督の覚悟が示された一戦でした。

開幕2カ月前に自国の代表監督を引き受け、結果が出なければ日本サッカー界から身を引く覚悟で臨んだであろう西野さんだったからこそ、大博打と言ってもいい賭けに出られたのだと思います。肚を括って勝負に出た西野さんの男気に、私も心が震えました。

あのポーランド戦で、西野さんは2つの大きな賭けをしました。

残り10分の戦い方が大きく取り上げられていますが、それよりも覚悟が垣間見られたのが大幅な先発メンバーの入れ替えです。

もし負けていたらと想像すると、背筋がゾッとします。

仮に決勝トーナメント進出を逃していたら、西野さんは「選手たちは一所懸命やってくれた。負けたのは自分の責任です」と言って、日本サッカー界から消えていくくらいの覚悟だったと思います。その覚悟があったからこそ、ぎりぎりの賭けに勝てたのです。

西野さんは、一見すると大胆な勝負手を打つようなタイプには見えないかもしれませんが、実は考えに考え抜いて大胆な勝負手を打てる人です。

初戦のコロンビア戦と2戦目のセネガル戦で先発を飾った、川島永嗣、酒井宏樹、吉田麻也、昌子源、長友佑都、長谷部誠、柴崎岳、原口元気、香川真司、乾貴士、大迫勇也の11名から6人を入れ替えて、槙野智章、山口蛍、酒井高徳、宇佐美貴史、武藤嘉紀、岡崎慎司をピッチに送り込んだのです。

もちろんポーランド戦に勝つことだけを考えれば、これまでのメンバー主体に組むことが当然だったでしょう。しかし、西野監督の目にはラウンド16の戦いがくっきりと見据えられていたはずです。メンバーを替えずに戦い勝ったとしても、疲労困憊の状態で迎えるノックアウトステージの初戦で、同じようなパフォーマンスができたとは思えません。

ベスト16で満足することなく、ひとつでも多く決勝トーナメントを勝ち上がる。それに賭けていたからこそ、西野さんはスタメンを入れ替えたのでしょう。監督としてひとつ上を見ていたがゆえの大胆な選択だったと思います。

「ニシさん、よく肚を括ったな」

実際、ベスト4まで勝ち残ったチーム（フランス、クロアチア、ベルギー、イングランド）は、グループリーグの3戦目で選手をローテーションさせていました。選手を休ませることで少しでも疲労を取り除き、さらに出番の少なかった選手たちにゲーム感を持たせることでチームとしてのパフォーマンスを維持する。トーナメントでの厳しい戦いを勝ち抜くには、そうした采配が不可欠だと、アトランタ五輪の経験から西野さんの身体には刻まれていたのだと思います。

フランス代表を率いて優勝したディディエ・デシャンも、ロシアW杯には相当な覚悟を持って臨んでいたはずです。

２０１０年の南アフリカW杯では、フランス代表はその地名からナイスナ事件と呼ばれる、監督と選手との確執からチームが空中分解し、大会も惨めな敗退をして国内から非難を浴びていました。

デシャン監督体制になって立ち直ってきた矢先、3年前の自国開催となったＥＵＲＯ２０１６では、絶対有利の予想を裏切って準優勝に終わりました。ポルトガルとの決勝戦。前半25分にクリスティアーノ・ロナウドが負傷交代した瞬間、サッカーファンの多くがフランスの優勝を確信したのではないでしょうか。しかし、結果は違いました。デシャン監督の心に刻み込まれた悔しさは、想像を絶するものだったことでしょう。

ピッチで繰り広げられたサッカーを比較してみると、優勝したロシアW杯のときのそれよりも、準優勝に終わったEUROのときの方が美しかったと思います。とはいえ、どれだけ美しくても結果が出なければ意味がない。そのことを痛感していたから、ロシアではより現実的なスタイルで戦い続けたのだと思います。

「必要なのは23人のトッププレーヤーではない。最高のチームを創ることのできる23人である」

ファンタジーを捨て、リアリティを取ったデシャン監督の覚悟はこの言葉に集約されていると思います。

最前線のオリビエ・ジルーまでが懸命に下がり、必死に守備をする。その姿を見て「なんだよ、あのサッカーは……」と感じた人もいれば、リアリティに徹し勝ちにこだわる姿勢に、また違った美しさを見出した人もいたのではないでしょうか。

最終的に優勝したからこそ讃えられる面はあると思いますが、デシャンが選択した戦い方にも、監督の覚悟が凝縮されていたように思います。

同じような観点から、西野さんには1996年のアトランタ五輪での悔しさがありました。〝マイアミの奇跡〟を起こしてブラジルを下し、グループリーグ最終戦ではハンガリーにも勝利。世界が称賛した組織的サッカーを披露して、2勝1敗・勝点6を奪いながら決勝トーナメントに進めなかったのです。あの経験、アトランタ五輪のときに刻み込まれた悔しさが、今回のロシアW杯での決断につながっていたのでしょう。

正直、ポーランド戦のメンバーリストを見て、驚いた人は少なくなかったと思います。なかには一瞬、戸惑った選手もいたかもしれません。それでも選手たちは、自身のサッカー人生を懸けた西野さんの覚悟を感じて、ピッチで全力を尽くしました。

俺たちの目標はグループステージ突破じゃない。

西野さんと選手たちは、身をもってそのことを示したと感じます。

Jリーグ監督経験者の視点から言っても、西野さんの決断は「すごい」と言わざるを得ません。監督というのは何かの手を打つとき、それによって得られるものと失うものを計算し尽くします。

例えば、選手交代。うまくいけば、途中出場させようとしているこの選手が点を取ってくれる。ところが、それまでに機能していた部分を失うことで逆にチャンスが減ってしまったり、守備面で穴が生じて失点を食らったりする可能性もあるのです。その両方を天秤にかけて判断する。ある選手を入れるということは、ある選手を下げるということ。交代によってバランスが崩れ、試合を落とす可能性も考えないといけないのです。

観ている側の人たちは、往々にして「どうしてこの選手を入れないんだ」と言います。「この選手を起用すればいいじゃないか」と。ただ大抵の場合、「だったら誰を下げるんだ」ということまでは考えていません。

しかし監督は、先発した選手を下げることでのリスクも考えないといけません。失点を重ねることも覚悟したうえで、その責任をも負ってカードを切るのです。

失うものが大きければ大きいほど、監督は動きづらくなります。

1試合だけの勝敗を考えるなら、思い切った決断もできるでしょう。しかし、クラブの監督でリーグ戦を戦っているときなどは、「この試合に負けて降格が決まってしまう」という試合もあるでしょう。

どうしても勝ちたい。そのために攻撃的なこの選手を入れたい。しかし、守備に難のある彼のポジションを突かれて、カウンターから失点したら降格が決まる、それで俺はクビ……。

そんな状況での判断は、とても難しくなります。

背負っているリュックサックが重ければ重いほど、簡単には動けなくなるのです。

あのポーランド戦、西野さんはこれまでの日本サッカー界において、誰も背負ったことがないような重いリュックサックを背負っていたと思います。そんな状況での決断だったのですから、本当に頭が下がります。

そして、西野さんは賭けに勝ちました。

ぎりぎりの決断を迫られた経験のある監督目線で言わせてもらうなら、「ニシさん、やっぱりすげぇな」といったところです。決勝トーナメント進出を勝ち取った瞬間、鳥肌が立ちました。「ニシさん、よく肚を括ったな」と、恐れ入りました。

ポーランド戦〝残り10分〟から感じたメッセージ

現地ではわかりませんでしたが、残り10分の戦い方は、日本では物議を醸したようです。

0-1の敗北を受け入れる姿勢、セネガルが敗れればフェアプレーポイントでグループ2位となれる計算をしたうえで、同時刻に行なわれていたコロンビア対セネガルの結果に委ねること、時間稼ぎと言われても仕方がない最終ラインでのパス回しなどを例に挙げて、「フェアプレーの精神に反する」といった厳しい意見もあったようです。

しかし、私はそうは思いません。

あの90分、もっと言えば残り10分にこそ、西野さんがこれまでのサッカー人生で培った様々な経験が凝縮されていたと感じます。

あの試合をとおして私が感じた強烈なメッセージが、「ベスト16に進むことが目標じゃない。俺たちは、その先まで行くんだ」というものです。

「ニシさんは、トーナメントの先を見ているんだ」

私は、そう思いました。

あのとき、西野監督は自分たちが置かれた状況、ポーランドの状況、他会場の状況、すべてを踏まえたうえで判断を下しました。対戦相手のポーランドにとって、この試合はどのような意味を持っているのか。同時進行の他会場が1分後にどう動くか読めないなか、目の前の試合をどう終わらせることがベストなのか、すべてを計算したうえで決断したのでしょう。

あの試合で西野監督が目指したのは、ひとつでも多く試合をして、ひとつでも上に行くことだったと思います。それが日本にとっての勝利だった。だから、あの戦い方を選択したのです。

確かに、フェアプレーの概念のひとつに全力で戦うというものがあります。そのため、あの試合を〝無気力試合〟と指摘する人もいたと聞きましたが、少なくともその言葉は当たらないと思います。それとはまったくの対極で、絶対に上に行きたいという力強い意志を感じました。

残り10分、ひとつのミスも許されない緊迫した展開のなか、無気力ならあの戦い方はできません。チームに携わる全員がひとつでも上に行きたいという強い気持ちを持っていたからこそ、最後まで声を掛け合い、０‐１の敗戦を守ることができたのです。

少なくとも現地では、あの試合をそれほど批判的には見ていませんでした。

実際に私が見た試合にフランス対デンマークがありましたが、結果的にロシア大会唯一のスコアレスドローとなったこの試合の方も似た様相でした。２連勝で決勝トーナメント進出を決めていたフランスと、引き分け以上で決勝トーナメント進出が決まるデンマークの一戦は、最初から相手の様子を見ながらの駆け引きの展開でした。（相手が）来ないのならこのままいくが、一旦お前が仕掛けてくるならこちらも牙を剥いていくぞ……といった感じでした。

立ち上がりに一旦デンマークが思い切った仕掛けをすると、フランスが牙を剥いてゴールに襲いかかったものの、その後は互いに刀のつばを合わせたままのにらみ合い、隙こそ見せず仕掛けもしないという展開が最後まで続くことになりました。スタジアムはやはりブーイングでしたが、「絶対に上に行きたい」という思いが強ければ強いほど、サッカーはときとしてこのような展開にもなるものです。

幻に終わった〝マイアミの奇跡〟の再現

決勝トーナメント初戦で日本がベルギーと戦っていたとき、私は次の対戦相手となるブラジルとメキシコの試合会場にいました。純粋な試合レポートに加え、日本代表が参考にできるように、両チームの弱点などを調べていたのです。

ブラジル対メキシコの一戦は互いに持ち味を発揮した好ゲームとなりましたが、ネイマールとロベルト・フィルミーノのゴールでブラジルが2-0で勝利しました。

チッチ監督にまとめられた今大会のブラジル代表は間違いなく優勝候補の一角である素晴らしいサッカーを展開していました。ただ分析の結果、ブラジルは前線の守備に少し甘さがあることにも気づきました。日本の前線の選手が、ブラジルの最終ラインとボランチの中間あたりにうまくポジションを取ることができれば、相手につかまることなくパスを回せる。そうすれば相手選手が食いついてきて、その結果生じるギャップを突いて攻め込める——。そんなシナリオを思い描きながら「マイアミの奇跡を再現できるかも」と、試合を分析して希望を持ちました。

ブラジル対メキシコを最後まで見て、一緒に視察していた私と川俣則幸は急いでスタジアムを出ました。異常に暑い日でしたが、スタジアムの周辺にタクシーはいません。2キロ近く走って、汗だくになってタクシーを拾い、日本対ベルギー戦を見るためにホテルに戻りました。

ベルギー戦が終わったタイミングで分析結果を西野監督に届けたいと思ったので、テレビを見ながらレポートを進めました。ベルギーを下し、準々決勝でブラジルと対戦することになれば、ニシさんとともにマイアミの奇跡の再現にチャレンジできる――。少し興奮していたような気がします。

しかし、まさかのアディショナルタイム……。

正直に告白すると、2-0になった瞬間「ちょっと早いな」と思いました。1-0のままならベルギーも慎重にならざるを得ず出方に迷ったと思いますが、一発勝負で2点差となれば吹っ切って出ていくしかない。積極的に前へ出ればその分、何回かは危険なカウンターを食らうことになるだろうけど、そこはグッと目を瞑って、攻めるしかなくなるのです。

ヤン・ベルトンゲンのヘディングで1-2としたベルギーは、完全に勢いに乗りました。その5分後、交代出場したマルアン・フェライニが同点とし、最後はアディショナルタイムに入った90＋4分、高速カウンターからナセル・シャドリが決勝点を奪いました。

あの時間帯、延長戦を見越してじっくりと戦うという選択肢もあったと思う人も多いと思いますが、後になって選手に聞いてみると、

「コイツら、衰えを知らない。バケモノか」

「ここで仕留めないと、絶対にヤバい。延長では勝てない」
それだけの圧力を感じていたとのことでした。まさに、ベルギーが本気になった怒涛の30分間だったのです。

ＦＩＦＡの関係者も、ベルギーの「あのカウンターは最高だった」と言っていました。一気にボールを持ちあがったケビン・デブライネのドリブル、並走したベルトンゲンのワンタッチパス、ロメル・ルカクのスルーとシャドリの正確なワンタッチシュート……。ひとつのムダもない、14秒のカウンター。あれを止めるのは不可能だったかもしれません。

誰にも負けない体格を誇る最前線のロメル・ルカクがあれだけ走り、長友佑都をつる動きで誘い、最後の最後で技ありのスルーを見せる。本当に素晴らしいカウンターでした。紛れもなく世界トップレベルのプレーだったと思います。

大会後にＦＩＦＡのテクニカルダイレクター研修会に関塚さんと出席したときのことです。ＦＩＦＡの仲間は、「他の国ならファウルで止めていたよ」と言っていました。確かに、ＧＫティボウ・クルトワが持った瞬間に邪魔をすることもできたかもしれないし、デブライネを倒していくこともできたかもしれません。しかし、日本はそうしなかった。

友人は、続けてこうも言ってくれました。
「だけど、お前らはファウルしないんだよな。それが日本だからね」
そうなのです。

もし、ああいう場面において、ファウルで止めればいいと安易な考えが蔓延していたら、このワールドカップのステージには立てていなかったような気がします。

その言葉を聞いて、私はこう返しました。

「そうなんだ。そのやり方で来たからこそ、ここまで登ってくることができたんだよ」

確かに試合には敗れましたが、その言葉を聞いて、日本サッカーが目指してきた方向性や日本独自のスタイル全体が認められたような気がして、悔しさのなかにもちょっぴり誇らしい気持ちになりました。

第1章

熱狂と悔恨の果て

2018W杯ロシア大会

「2018W杯ロシア大会」

チーム全員が輝いた日本代表

今回のロシアW杯において、日本代表の選手たちは素晴らしいパフォーマンスを披露しました。ベスト16の壁を越えることはできませんでしたが、FIFAの仲間のなかでも非常に高く評価されています。最終的に3位に輝いた強豪ベルギーを相手に奪った2得点は、どちらも世界トップレベルだったと思います。

原口（元気）の1点目は、自陣の深い位置で相手ボールを奪ってから、2本のパスでゴールに結びつけました。原口がよく走り、（柴崎）岳もタイミングをしっかりと図って美しいスルーパスを出しました。

溜めに溜めて決定的なパスを通した岳は、ベルギーの3バックの間隔が空きがちだったこと、左サイドのヤン・ベルトンゲンが左利きで、後ろ向きに走るなかでは自分の左側に来るボールに対して足を出しづらいことなど、すべてを計算したうえで完璧なパスを出しました。

ラストパスを受けた、原口の判断もよかった。

一瞬、中へ切り返す動きを見せたことでベルトンゲンの足が止まり、改めてシュートを打ちにいったときには、対応に遅れが出ていました。

乾（貴士）が決めた2点目は、彼のシュート精度の高さが光りました。

本人は狙っていなかった〝ブレ球〟だと言っていましたが、これまで数えきれないほど練習を重ねてきたシュート練習の成果が、あの場面で実を結んだことは間違いありません。

日本人選手の技術レベルは決して低くありませんが、これまでは国際的な試合で自分の持てる技術をなかなか発揮できませんでした。

カウンターからのゴールというものは、相当に高い技術がなければ決まりません。

自陣から一気に相手ゴールを目指すトップスピードのなか、ボールに関わる選手全員が少ないタッチで、正確なパスをつないでいかない限り、流れが途切れてしまいます。

世界の大舞台で、ベルギー相手に、あれだけのゴールを決められた。2得点とも十分に自信を持っていいゴールでしたし、ワールドカップであれだけのプレーを披露できたことは、すべての日本人選手の励みになるのではないでしょうか。

日本人選手で誰が最も良かったか？　それは難しい質問ですね。

みんな良かったですから。乾は文句なしの2得点で勝利に貢献しましたし、岳は中心になってチームを引っ張りました。日本の持ち味である連動した攻撃を繰り出せたのも、大迫（勇也）が前線でボールを収めてくれたからで、岡崎（慎司）のハードワークも光りました。

岳は間違いなく、その1人だったと思います。

あの位置から縦にボールが入るかどうかで、試合の流れが決まります。ミスを恐れず、果敢に縦パスを狙った岳は、相手にとっては恐い存在だったはず。縦パスを入れるタイミングなどは、中田英寿に似ているような気もしますが、彼とは異なるセンスを持っています。

これまでの日本には見当たらないタイプの司令塔、と言えると思います。

長谷部（誠）と組んでも（山口）蛍と組んでも、バランスを取りながら相棒の良さを引き出し、そのうえで幾度となく決定的なパスを供給しました。

スペインでは出場時間が限られているようですが、黙々と努力する岳のことですから、きっとチャンスをつかんで、さらに成長してくれると信じています。

今回の日本代表を見て感じたのは、選手全員が生き生きとプレーしていたということです。西野監督が選手一人ひとりの良さを見極め、持ち味と相性を理解し、コンディションや当日の目の輝きに気を配ってピッチに送り出していたから、全員が輝けたのだと思います。

あのチームには、紛れもなく一体感がありました。

それは、得点を決めた原口や乾が真っ先にベンチへ向かって駆け出し、控えを含めたベンチの全員が飛び出して迎え、みんなで喜び合っている、あの姿に象徴されていました。得点の瞬間、ベンチでふて腐れて「これで俺の出番は減ったな……」なんていう顔を見せている選手は、今回のチームには1人もいませんでした。

2018W杯ロシア大会　日本代表戦績／ベスト16

					第1戦	第2戦	第3戦	ベスト16
			日付		6月19日	6月24日	6月28日	7月2日
			対戦相手		コロンビア	セネガル	ポーランド	ベルギー
pos.	No.	選手名（所属）	出場数	得点	○2-1	△2-2	●0-1	●2-3
GK	1	川島永嗣（メス／FRA）	4	0	○90	○90	○90	○90
	12	東口順昭（G大阪）	0	0				
	23	中村航輔（柏）	0	0				
DF	2	植田直通（鹿島）	0	0				
	3	昌子　源（鹿島）	3	0	○90	○90		○90
	5	長友佑都（ガラタサライ／TUR）	4	0	○90	○90	○90	○90
	6	遠藤　航（浦和）	0	0				
	19	酒井宏樹（マルセイユ／FRA）	4	0	○90	○90	○90	○90
	20	槙野智章（浦和）	1	0			○90	
	21	酒井高徳（ハンブルガーSV／GER）	1	0			○90	
	22	吉田麻也（サウサンプトン／ENG）	4	0	○90	○90	○90	○90
MF	4	本田圭佑（パチューカ／MEX）	3	1	▲20	▲18①		▲9
	7	柴崎　岳（ヘタフェ／ESP）	4	0	▽80	○90	○90	▽81
	8	原口元気（デュッセルドルフ／GER）	3	1	○90	▽75		▽81①
	10	香川真司（ドルトムント／GER）	3	1	▽70①	▽72		○90
	11	宇佐美貴史（デュッセルドルフ／GER）	2	0		▲3	▽65	
	14	乾　貴士（ベティス／ESP）	4	2	○90	▽87①	▲25	○90①
	16	山口　蛍（C大阪）	3	0	▲10		○90	▲9
	17	長谷部誠（フランクフルト／GER）	4	0	○90	○90	▲8	○90
	18	大島僚太（川崎）						
FW	9	岡崎慎司（レスター／ENG）	3	0	▲5	▲15	▽47	
	13	武藤嘉紀（マインツ／GER）	1	0			▽82	
	15	大迫勇也（ブレーメン／GER）	4	1	▽85①	○90	▲43	○90

○＝フル出場、▽途中交代、▲途中出場、数字は出場時間、丸数字は得点

大会前は不安視する声もあったベテラン、本田（圭佑）、岡崎、香川（真司）の3人も実力を発揮してチームを支えました。

本田はセネガル戦で決定力の高さを見せつけ、岡崎は〝彼ならでは〟の粘り強い動きで本田のゴールを引き出し、香川は冷静な判断と正確なシュートでコロンビア戦の勝利に貢献しました。

土壇場の監督交代がなかったとしたら、ロシアのピッチには立てなかったかもしれない3人が、ワールドカップの舞台で改めて実力を証明できたことは、本当に良かったと思います。

クロアチアが示した日本代表の未来

今回のロシアW杯で、私は日本サッカー協会（JFA）のテクニカルスタディグループ（TSG）の一員として大会全体の分析を行ないました。

TSGとは、目の前の試合に勝つことだけを目的とした分析ではなく、そこからの発展・強化を目的に、それにつながる〝鍵〟を探す作業をするグループのことです。

当然、FIFA（国際サッカー連盟）も今回のロシアW杯でTSGを組んでおり、大会後にはカンファレンスやワークショップ、コーチのためのプログラムなどが用意されています。

私なりにロシアW杯を分析した結果、最も感じたのは、

「一番強いチームが勝つのではなく、変化に対応できるチームが勝ち残っている」

ということです。

最も強い者が生き残るのではなく、
最も賢い者が生き延びるのでもない。
唯一生き残るのは、変化に対応できる者である。

という、有名なダーウィンの「進化論」に通じる状況が、現在のサッカー界にも当てはまると感じました。

ロシアW杯で見えた世界の潮流、数あるトレンドを、もし一言で表すなら、『アダプタビリティ（対応力）』になると思います。

栄枯盛衰のサイクルが早くなっていて、４年前、ブラジルW杯で世界の頂点に立ったドイツが最下位でグループリーグ敗退を喫しました。大会前に優勝候補と言われたブラジル、スペイン、アルゼンチンといった強豪国も、栄光をつかむことができませんでした。

サッカーそのものが進化し、戦略・戦術が進化し、選手個々のテクニック、フィジカル、試合展開を読む力も進化している現在、当たり前の水準はどんどん高くなっています。

素早い攻守の切り替えは当たり前。

全員が攻守に絡むのも当たり前。

そうしたなかで感じたのは、個と組織が有機的にまじわっていないチームは勝ち上がれない、ということです。

逆説的に、「個の能力に頼り過ぎているチームは勝てない」と言えばわかりやすいでしょうか。

これまでは、圧倒的な個があれば決勝くらいまでは勝ち残れるケースもありました。また、その反対で、飛び抜けた個はいなくても抜群の組織力で勝ち進むケースもありました。

しかし、そういう時代は終わったのです。

アルゼンチンのリオネル・メッシ、ポルトガルのクリスティアーノ・ロナウド、2人が世界のサッカーシーンをリードする特別な存在、という意見に異論はないでしょう。しかし、両国とも残念ながら決勝へは進めませんでした。

逆に、スウェーデンは素晴らしい組織力を見せましたが、それだけでは勝てなかった。やはり、いくら組織が良くても、違いを作り出す個がいないと、勝利を引き寄せることは難しいのです。

個だけでも、組織だけでも勝てない。その両方が有機的に溶け合って、チームとして機能して初めて世界の頂点が見えてくる、そういう時代に入ってきたのです。

そうしたチームの典型が、決勝を戦ったフランスとクロアチアでした。

優勝した今大会のフランスは全員の組織的守備をひとつの武器としており、そのうえでカウンターで圧倒的な存在感を見せるキリアン・ムバッペ、そして、決定的な仕事ができるアントワーヌ・グリーズマンがいました。クロアチアには大会MVPに輝いたルカ・モドリッチというスーパースターが攻守ともに献身的に貢献し、さらにチーム全体に試合終了の笛が鳴るまで決して緩むことのないハードワークがあり、勝利への執念がありました。

また、同国史上最高の3位に輝いたベルギーにも攻守の連動があり、そのなかでケビン・デブライネ、エデン・アザールやロメル・ルカクといった攻撃的タレントが違いを生み出しました。

モドリッチがMVPに選ばれたこと自体が、今大会の特徴を表わしています。一昔前のスーパースターは、献身性や守備の部分は少々目を瞑ってもらえていました。しかし、モドリッチは誰よりも走り、誰よりも攻守に絡み、そのうえで試合を決める決定的なゴールまで奪ってみせたのです。

時代はもう、「スター・プレー・フォー・ザ・チーム」なのです。

モドリッチが世界と認められた流れは、日本にとってはいい流れだと思います。

例えば、バレーボールとかバスケットボールなどの競技を見ると、世界の流れは、体格で勝るチームがより有利となっています。つまり、日本にとっては不利な方向への流れかもしれません。体格で劣る日本が知恵を絞り、新しい技やコンビネーションを編み出しても、1年後にはより背の高い選手たちが、軽々とそれをやってのけてしまう。そうした苦しい流れになっています。

しかし、サッカーはそうではありません。

もともと、サッカーは170センチに満たないディエゴ・マラドーナやメッシが世界一まで上り詰められる、体格面のハンディを感じさせないスポーツですが、そうした傾向はフィジカル面の強化が顕著となった現在も、少しも変わっていません。

体格面で劣ったとしても、それを補う連係やハードワークがあれば十分に戦える。準優勝したクロアチアは、日本にとっては心強い方向性を示してくれました。

対応力の差が明暗を分けたベルギーとスペイン

若いタレントが躍動し、ベテランがいぶし銀の凄みでチームをまとめる姿もありました。フランスのキリアン・ムバッペ（当時19歳）のスピードは、おそらく止められる選手がいないほどのレベルでした。しかし彼が輝けたのは、オリビエ・ジルーやグリーズマンといった経験豊富な選手がバランスを取りながら守備でも汗を流し、彼の最大の武器であるスピードを発揮させてくれた面もあったと思います。

メキシコではイルビング・ロサーノ（当時22歳）がドイツ相手にゴールを決めるなどして注目を集めましたが、要所要所でピッチに立ち、チームをまとめていたのは大ベテランのラファエル・マルケスでした。

28年ぶりに4強入りを果たしたイングランドは、次に期待を持たせる年齢バランスでした。32歳になったウェイン・ルーニーが自身最後のワールドカップとして彼らの年代中心に臨んでいても不思議ではありませんでしたが、彼の代表引退表明もあり、ガレス・サウスゲート監督は20代前半の選手たちを中心にチームを構成するようになりました。

ラヒーム・スターリング（23歳）、マーカス・ラッシュフォード（20歳）、デル・アリ（22歳）といった面々がチームの骨格を成し、経験のあるカイル・ウォーカー（28歳）、キーラン・トリッピアー（27歳）が脇を固めました。

ディフェンスリーダーのジョン・ストーンズが24歳、エースでキャプテンのハリー・ケインも24歳。4年後は欧州王者に輝いたU‐20代表、U‐17代表の精鋭もメンバーに絡んでくることを予想すると、実に楽しみで、計画的な強化プランが実を結んだのだと感じます。

いずれにしても、個に頼ることなく、突出した個が組織のなかで輝いたチームが、それなりの手応えと結果を手に入れることができた大会でした。

サッカーではひとつのテーゼが現れると、すかさずそのテーゼを打ち消すアンチテーゼが生まれてきます。1970年に最も美しいと言わしめたサッカーで世界を制覇したブラジルも、4年後にはトータルフットボールというアンチテーゼの前に敗れ去り、2010年にスペインの見せた美しいポゼッションスタイルのサッカーにもアンチテーゼが生まれて来ていました。そのようななか、重要となったのがやはり『アダプタビリティ（対応力）』だったと思います。今回は特に守備を固めた相手をいかに崩すかという局面で顕著に見られたと思います。

決勝トーナメントの1回戦。2010年・南アフリカW杯の王者スペインは、どのチームにも徹底的に研究され苦しみました。ゴール前にブロックを形成し守備を固めるロシアを前に、120分を使って攻めても勝利を掴めず、PK戦の末に敗れました。

研究されて良さを消されたときにどうするか、そこにこそアダプタビリティが垣間見られます。

5バックに近い形でゴール前を固め、ときには選手全員が自陣に引くこともあるロシアに対し、スペインは最後までショートパスをつないで崩そうとしました。自分たちのアイデンティティに、絶対の自信があったのでしょう。相手を自陣深くに押し込み、右、左、右と揺さぶりをかけ、長短のパスを使い分けて突破口を探しました。

この試合でロシアが成功したパス204本に対し、最終的に5倍以上の1031本ものパスを通しましたが、それでもCKからの1点のみ。相手を徹底的に自陣に押し込むものの最後まで牙城を崩せず、PK戦で敗れ、大会を去ることになりました。

ベルギーは、スペインとは異なる崩す方法を見せました。

3位決定戦となったイングランド戦。決勝戦を目前に涙を飲んだ2チームでしたが、それでもヨーロッパのトップレベルに恥じない、一進一退の攻防が繰り広げられました。

イングランドは前線からのプレスを基本としながらも、一旦守備網を剥がされたら、ロシアと同じようにゴール前にブロックを築いて守るという状況に応じたディフェンスをしていました。

ベルギーも最初は力で押し込もうとして、パスを回しながら突破口を探っていました。しかし、相手が強固なブロックを敷いた際には「ちょっと崩れそうにないな」と判断したのか、1度中盤にボールを下げ、その後GKのティボウ・クルトワまでボールを戻していったのです。

イングランドの前線の選手は誘われるがままにベルギーの最終ラインにプレッシャーをかけに出ていき、そのときに一瞬スペースができました。意図的におびき寄せ、空いたスペースにすかさず侵入、そこから一旦ボールが縦に入るや一気にスピードアップ、エデン・アザールのゴールまでつなげることに成功しました。

この2チームの明暗を分けたのはチーム力というよりは、ほんの少しの『アダプタビリティ（対応力）』の差だったと思います。

その観点では、ベルギーの攻撃は実に多彩でした。

日本戦で見せた「史上最高のカウンター」の印象が強いせいか、高速カウンターのチームだと思われがちですが、むしろ基本はポゼッションを中心とした攻撃です。実際、デブライネやアザールは、当然のようにポゼッションからも相手ゴールに襲いかかることができます。

ただ、どのような攻撃を指向するチームであっても、少なくとも、武器としてカウンターは持っておく。そうでなければ世界では勝ち抜けない時代なのです。

今後、ますます『アダプタビリティ（対応力）』が勝敗を分けるでしょう。

武器がひとつしかないチームは苦しくなります。ナタで勝負して決着が着かないようなら、懐に忍ばせておいた短刀を取り出して急所を突く。そんな対応力のあるサッカーができるチームが、勝ち残っていく流れになるでしょう。

加速させたい日本代表の年齢サイクル

ロシアW杯において、日本代表は世界に驚きを与えました。これは日本中のサッカーに携わる方々の情熱と汗で築き上げてきたことが実を結んだものに違いありません。ただ、それに加えてヨーロッパのクラブでプレーしている選手たちの力なしには達成し得なかったものと思います。大迫、長友、乾、岳、もちろん長谷部などが、普段と変わらない姿勢で、堂々と勝負を挑んでいました。

ワールドカップ出場で満足ならいざ知らず、もし優勝を狙うとなれば、あのレベルにもう1サイクル早く到達する必要があると思います。

年齢的に20代半ばの選手たち、例えば、25歳だった岳あたりが、今回が2回目のワールドカップだったら、そのときにはもっと違う日本を描けると思うのです。

20代半ばの選手たちに既にワールドカップの経験があり、怖いもの知らずの10代後半から20代前半の選手たちが何人かいて、3回目、4回目のワールドカップという経験豊富なベテランがチームを引っ張るような形でチームを構成できたら、そのときこそトロフィーを狙っていけると思うのです。

20代半ばの選手が、ヨーロッパで4、5年プレーした経験を日本代表に還元する。そのような流れが理想ではないでしょうか。

もちろん、いくつかの課題も見えました。

テンポの良いパス回し、一気のカウンター、攻守両面に数人が絡む連動性、組織的な守備など、日本の武器は示しましたが、ベルギー戦でマルアン・フェライニに決められた得点などは、日本がどうしても世界に勝てない部分ではないでしょうか。

純粋なヘディングの競り合いで、自分より10センチも20センチも身長が高い選手に勝つことは簡単ではありません。ならば、どうすればクロスを上げさせないようにできるか。その2つ前のパスを阻止するにはどうすればいいか。そこを突き詰めていく必要があります。

ウィークポイントでの勝負を避けるためにできることは、たくさんあります。持てる技術、鍛え抜いたフィジカル、勝負どころを見極める判断力を、試合中のここぞという場面で出せるかどうか。それを裏付けていくのが、やはり経験です。

今回のロシアW杯で世界のトップレベルを体感した選手たちは、必ずやその経験を活かし、次の機会で花開かせてくれると信じています。

いずれにしても、選手たちはロシアの地で躍動しました。

溌剌と、実に楽しそうに、選手一人ひとりが自分の持ち味を出し、チームがひとつの生命体のようになっていました。選手それぞれが自分の持ち味、武器を出すことで組織がバラバラになるのではなく、チームとしてひとつになる。

そこが日本の素晴らしさで、世界を相手に自信を持っていい部分だと思います。

日本人の持つ武器を前面に出して世界に打って出る

自信を持つ。それこそ、トロフィーを目指していくときに不可欠な要素だと思います。

自分自身で卑下しているような部分であっても、観る角度によっては実はそんなことはないということもあるはずです。例えば、日本は昔から「世界と比べると、フィジカル面で劣っている」という固定概念を持っていたと思います。確かに、フィジカルという言葉から連想するのは体格や当たりの強さでしょう。

身長、体重など体格で劣る日本人は、フィジカルでは勝てないと思いこんでいました。

しかし、あれは2006年のドイツW杯後だったと思います。

あるカンファレンスで、FIFAのTSGのトップを務めていた私のボス、ジャン・ポール・ブリガーがパッと手を挙げて、こんなことを言いました。

「日本人はフィジカルが劣っていると言うけど、僕らからしたら、全然そんな気はしない。あのアジリティやスタミナを、ヨーロッパは非常に脅威に思っている」

目からうろこの発言でした。

私たち日本人は誤解していたのです。

フィジカルというと、単純に身体をぶつけ合う競り合いのことや、体格勝負の話として捉えていました。しかし、競り合い時のパワーやジャンプした高さなど、そこだけを見るとフィジカルが弱いと思うかもしれませんが、トータルで見ると劣っていないという見方もできるのです。

単純なぶつかり合いでは分が悪いかもしれないが、それ以外の部分で十分に補える。そういう見方が大事なのです。

「全然劣っていない。大丈夫、できる」と言ってピッチに送り出すのと、「お前らフィジカルが劣っているんだから、こう戦わないといけない」と言って送り出すのでは、選手のパフォーマンスが全然違ってきます。

弱いからどうしようではなく、高さでは負けるけどそれ以外で勝負して負けなければいい、と思えばいいのです。見方次第、考え方次第で、ガラリと変わります。

実際、今回のロシアW杯でも、ヨーロッパでプレーしている選手たちはフィジカルで劣っているという印象がありませんでした。

フィジカルが10項目あるとすると、確かに3つ、4つでは劣っているかもしれません。だけど、勝てる部分を活かしてトータルで優位に持っていけばいい。我々の良さに目を向ければいいのです。

これまで、日本人のここがダメだという指摘はいくつもありました。

「主張がなさ過ぎる」

「もっとエゴイスティックじゃないと世界では勝てない」

「デュエルが劣っている」

はたまた、

「そもそも農耕民族だから向いていない。狩猟民族とは勝負できない」

なんて極論までありました。

得てして自分たちの良さは自分たちでは気づかないものです。

その場にいるが故に、当事者だと見えてこないことがあります。地球が青いと感じるには、やはり、外へ出て外から見てみないとわからない。

「地球は青かった」。この有名な言葉は1961年にユーリイ・ガガーリンが宇宙から地球を見て発したものです。その言葉で世界中の人々が初めて知ることになったのです。

足りないところを補うという発想ばかりではなく、発想を転換して自分が持っている良さを理解して戦う。日本人の持つ武器を前面に出して世界に打って出る。

その姿勢こそが、私がJFAの技術委員長に就任した2006年に掲げ、いまも日本サッカーの強化の方向性となっている『ジャパンズウェイ』なのです。

第2章

日本サッカー強化の萌芽

1995 U-20世界選手権 カタール大会
1995 U-17世界選手権 エクアドル大会
1996 アトランタ五輪

指導者としての目覚め

ドイツ流の指導で気づいたサッカーの面白さ

1988年、私は筑波大学の大学院修士課程体育研究科を修了し、そのまま助手として大学に残ることになりました。

サッカー選手としての自分に見切りをつけたのは、大学3年生の頃だったと思います。当時、大学サッカー界でも優秀な選手はJSL（日本サッカーリーグ／1993年に誕生したJリーグの前身。社会人による2部制の全国リーグ）に進んで現役を続けていましたが、自分自身、正直そこまでの選手ではないことに気づいていました。

ちょうどその頃、西ドイツのケルン体育大学に留学していた5歳上の田嶋（幸三）さんが一時帰国して、僕たちサッカー部の指導にあたってくれたのです。

世界的に有名なケルン体育大学でコーチ学を学んだ田嶋さんの指導は、衝撃的でした。

「あれ？　サッカーってこんなに面白かったんだ！」

当時の私は、田嶋さんの指導の下でトレーニングをしている最中、そんな驚きを感じたことを覚えています。

現在では当たり前と言えるトレーニングだったかもしれません。しかし、それまでのただ厳しいだけの練習、叱られながら懸命に励む練習が当たり前と思っていた私としては、目からうろこが落ちる思いでした。

純粋にサッカーの楽しさ、トレーニングする喜びに触れられたことでサッカーの奥深さを知り、コーチングについて真剣に学んでみたい、という気持ちが沸き上がりました。

選手を続けられるだけの才能があれば良かったとも思いますが、いま振り返ると、早い段階で指導の道に進むことを選択したのは、私にとっては間違いではなかったと感じています。

大学院でスポーツ生理学とコーチ学を学びながら、夕方はOBコーチのような形でサッカー部の練習もサポートしました。

そのときに現役の選手だったのが、井原（正巳）、中山（雅史）、影山（雅永）といった、後に日本代表を支えることになる面々でした。

現場の熱を得るためにイングランドへ留学

大学院時代は丸々4年間、日本に帰国した田嶋さんと同じ研究室で過ごしました。

森岡理右先生は研究室にはほとんどいらっしゃらなかったので、小さな部屋で朝から晩まで、田嶋さんと2人で寝食を共にした感じです。

朝起きるとまず研究室に足を運び、歯を磨き、研究室のトースターとコーヒーメーカーで朝食を準備。それぞれ授業に出たあとサッカーの勉強。夕方はサッカー部を指導して、研究室に戻ってきて一緒に夕飯を食べに出たら、また研究室へ。アパートには寝に帰るだけというような生活でした。

大学院で学問的な勉強を進めるに従って、私は小さくない違和感を覚えるようになりました。

「何か違う。何か物足りない……」

コーチ学、心理学、生理学、医学など、様々な学問を専門的に学ぶことは非常に有意義でしたが、それらがどのようにサッカーの、あるいは指導の現場に結びついていくのか、そこに自分の求めている何かが欠けているように感じたのです。もちろん、その当時の日本の状況を考えるとそれは致し方なかったことと思います。

大学院の2年間で必要な単位は取っていましたし、現場それも本場の熱を感じたいという思いが強くなったので、最後の修士論文だけを提出せず、1年間は海外留学へ行く決断をしました。ヨーロッパの現場を、自分の目で確かめたいと思ったのです。

ドイツのことは田嶋さんに聞けば、いろいろと教えてもらえる。どうせなら違う国がいいと思い、サッカーの母国であるイングランドへ行くことにしました。

最初の数カ月は語学勉強に力を入れました。意思を伝え合うことができなければサッカーの勉強にもならないと、必要に迫られる感じもあって会話ができるようになりました。そして、FA（イングランドサッカー協会）が主催する指導者のインターナショナルコースを受講することになりました。

当時のイングランドの指導者ライセンスはA、B、C3つのコースに分かれており、インターナショナルの場合は期間を長くして2つに分けたコース（初級と上級）がありました。当時の日本のそれとは異なり、3週間のなかで5回の指導実践が課されるという、まさに実践重視のスタイルで、その合間に散りばめられた講義もコーチングの実践に活用できていないなら意味はない、そんな感じでした。そのなかで鍛えられていくスタイルのコーチングコースは本当に大変な日々でしたが、一日一日が大きな刺激でした。

私は、最初にイングランドに留学した1987年に初級ライセンスを取得して、次に2度目の留学、リヴァプール・ジョン・ムアーズ・ユニバーシティの客員研究員として1年間学んだ94年に、上級コーチの指導者資格を取得することができました。サッカーの母国で他国の第一線で活躍しているコーチたちと寝食をともにして高め合った日々は、ライセンスという価値以上に帰国した際の自分に大きな力を与えてくれたと思っています。

成城大学サッカー部で指導キャリアがスタート

1度目のイングランド留学から戻った私は、そのまま筑波大学で助手として働きながら蹴球部（サッカー部）の指導を続けました。そして、1990年からは成城大学法学部の専任講師を務めました。

筑波大学では、期限付き助手といって必ず1度外の世界に出て、そこで活躍が認められない限り、そのまま助教授、教授の道は開かれないというルールがありました。

筑波大学の後は、その後も大変お世話になる恩田裕先生に声をかけてもらい、成城大学の講師として働くことになりました。実際のところ保健体育の講師でしたが、所属は法学部。法学部専任講師という権威がありそうな肩書きがついた名刺は、アパート探しや銀行口座を開く際などには随分と効果を発揮してくれたことを覚えています。

私は法律の専門知識などまったくない素人でしたが、誰もが〝その道の専門家〟という目で見てくれました。同時に、相手が法律的な話をしそうな空気を出してきたときには、パッと話題を変える術も修得したように思います。

成城大学では、本当にたくさんのことを学べました。

受け持った授業は精一杯頑張りましたが、やはり大きな情熱を傾けたのはサッカー部の指導でした。

成城大学は歴史のある大学で、サッカー部は強豪というわけではありませんでしたが、恩田先生の指導のおかげでOBの方々が非常に熱心で、頼りになる素晴らしい先輩方が大勢いました。

ひとつのキャンパスに幼稚園から小学校、中学校、高校、大学まで揃っている成城大学は、一貫指導を行なううえで最高の環境と言えます。

サッカー部の指導を始めた当初から、「これは面白い試みができる」と直感しました。コーチとして1年間サッカー部を指導すると、それだけでだいぶ雰囲気が変わってきたように思います。そのうち朝練を始めることにしました。中学生から大学生まで参加は自由。希望する人であれば誰が来ても構わない。

毎回テーマを決めて、今週はドリブル、今週はシュートをといった感じでテーマに沿った練習をしました。トレーニングの際に小さなグループをいくつか作りました。

メンバーは大学生、高校生、中学生のミックス。前半部分のトレーニングは大学生に任せます。そして、後半はそのグループでミニゲームを行ない、勝敗や得点に応じてポイントを与えるのです。

試合に勝ったらグループ全員に何ポイント。ゴールを決めた選手に何ポイント。朝練に参加しただけでもポイントがつくので、参加頻度が高い選手は、自然と高ポイントを得るといった仕組みです。

ジュニア世代から大学生まで一貫した指導

ポイントに応じて、景品を出しました。景品はユニホームなどのサッカーグッズ。当時、私はサッカー協会でも様々な仕事を手伝っていたので、そこでゲットしたサイン入りユニホームなどを景品にすると、みんなの目の色が変わりました。

ゲームに勝ってポイントを稼ぎたいから、大学生は後輩たちを指導してくれます。自分よりも年下の高校生や中学生たちが、どうすればトレーニングの意図を理解してくれるか。どうすれば高いモチベーションを持ってトレーニングしてくれるか。どうすればチームが機能してポイントを稼ぐことができるか──。自分の頭で一生懸命に考えるのです。

物事が整理されていて、論理的でないと人に教えることはできません。逆も真なりで大学生たちは、年下の子どもたちを指導することで自然とサッカーに対する理解を深め、考えてプレーするようになる。そして、いつしか自分のプレーが向上したことに気がつく。そんな好循環が生まれていました。

それは、ピラミッド型の組織で行なう一貫指導の理想的な形だったような気がします。

2年目は筑波大学時代の後輩である蔵森紀昭先生（現・高体連技術委員長）が成城学園高校に赴任されたこともあって、彼が中心となって一貫指導を進めてくれました。

小学生が大学生になるまでの10年以上を指導できるのは、本当に素晴らしいことです。

例えば、いまはまだ体格的に小さくて勝負には勝てないけど、将来的には絶対に大きくなる。高校では必ず芽が出るから、それを見越して指導しよう。

つまり、何年後かの姿を想像しながら、子どもたちの〝いま〟に向き合うことができるのです。

成城大学のグラウンドは決して広くなく、その一面を様々な部活動が分け合って使うので、サッカーだけを考えれば恵まれた環境ではないかもしれません。

しかし、成城には小学生から大学生までが一緒になって物事に取り組む文化があり、その空気を大切にするOBの方々がいました。あの独特の環境のなかで学び、成長し、後輩たちも育てた選手たちの何人かは、仮にサッカー選手としては成功できなかったとしても、社会のどこかで立派な仕事に従事していると思います。

成城には、人を育てる文化があるのです。

今回、こうして4冊目の著書を出版するにあたって自分のキャリアを見返してみたのですが、成城で過ごした6年間はサッカーコーチのキャリアとしては一見遠回りのようにも見えますが、決してそうではありません。

あの6年間は私にとって遠回りどころか、サッカーにとって、指導者にとって、そして人間にとって大事なものは何かということを学ばせてもらった貴重な6年間だったと思います。

学問は現場を輝かせるためにある

1994年には、サバティカル制度（一定の長期間勤務者に対して、長期休暇を認める制度）を利用してイングランドに2度目の留学へ行きました。

本来ならば私よりも適任の方がいたと思いますが、当時の成城大学法学部は年配の方が多く、私のような若い講師は数えるほどでした。

「一生懸命やっているようだから、小野君にチャンスをあげよう」

そんな優しい先輩教授の一言がきっかけで、1年間の留学の権利を得ることができたのです。

「どうせなら、ワールドカップイヤーにチャンスをください」

前々から生意気にもそうお願いしていた私は、アメリカW杯が開かれた94年に、ロンドンのリヴァプール・ジョン・ムアーズ・ユニバーシティの客員研究員となることを認められました。

「4年に1度のワールドカップ後にはカンファレンスや学会が開かれるので、学問・学術的にも一番勉強になると思うんです」

そんな私の熱い想いが、功を奏したのかもしれません。

そうして私は、国際フットボール学会の創始者であるトーマス・ライリーが立ち上げた研究室の一員となり、リヴァプール・ジョン・ムアーズ・ユニバーシティで学ぶことになりました。

2度目の留学。最初のうちは几帳面に大学に通っていましたが、時間が経つにつれて、大学よりもクラブに足を運ぶことが多くなりました。リヴァプールにはリヴァプールFC以外にもエヴァートンや対岸のトランミア・ローバーズといったクラブがあります。また、近隣にはマンチェスター・ユナイテッド、マンチェスター・シティや、車でちょっと足を伸ばせば当時全盛時代を迎えていたアラン・シアラー配するブラックバーン・ローバーズなどもありました。クラブでのトレーニングを見させてもらい、週末のリーグの試合を観に行く、これは本当に刺激的な日々だったことを覚えています。

イングランドで学ぶなかで気づいたのは、研究はすべて現場に落とし込むために行なうもの、現場が輝くためのもの、という考え方です。

私が在籍したリヴァプール・ジョン・ムアーズ・ユニバーシティの研究室も、提携しているクラブ、リヴァプールやトランミア・ローバーズをいかにして勝利に結びつけるかを考え研究をしていました。日本の場合、論文を書くために研究しているイメージが強かったので、新鮮な驚きでした。

あの経験があったから、私はＪＦＡの技術委員長になった際も、ＦＩＦＡインストラクターを務めているときも、必ず片足は現場に入れておくことがポリシーになっているのだと思います。

現場を輝かせるために、学問と現場の中間にいる。

それが、研究者だった私がイングランドで学んだことです。

ボリビアで学んだ本当の「プレーヤーズ・ファースト」

アメリカW杯が開催された１９９４年にイングランドに2度目の留学へ行った私には、ワールドカップの出場国を見るなかでいくつか気になる点がありました。

特に私が興味を引かれたのが、ボリビアとノルウェーでした。

アメリカW杯を目指して戦った日本代表は、〃ドーハの悲劇〃で初出場の夢を断たれました。そんな大会に、ボリビアは11大会ぶり3回目、ノルウェーは12大会ぶり2回目の出場を果たしていました。つまり、両国とも久々のワールドカップ出場だったわけです。

「何か秘密があるに違いない」

そう思いました。

少し調べると、ボリビアの選手の出身チームに偏りがあることに気づきました。マルコ・エチェベリ、エルウィン・サンチェス、ルイス・クリスタルドといった選手たちは、揃ってタウイチ・アカデミーというクラブで育ったことがわかったのです。

成城大学で一貫指導の素晴らしさを知っていた私は、「絶対に自分の目で確かめたい」と思い、ボリビアを目指しました。

タウイチ・アカデミーは首都ラパスではなく、ボリビア第2の都市サンタクルスにある、選手育成のための学校でした。

埼玉県の名門・武南高に編入し、本田技研を経て、1990年代に全盛期のヴェルディ川崎で活躍した石川康もタウイチ・アカデミーの出身。私が訪れたときは、ボリビアの家にお姉さんが住んでいて、詳しい話を聞かせてくれました。

タウイチ・アカデミーのグラウンドはボコボコでした。原っぱといった感じの場所で、小さな子どもたちがボールを蹴っていました。まさに、サッカーの原風景の様相です。

案内してくれたメニーナが、タウイチの成り立ちを教えてくれました。

ボリビアにはストリートチルドレンが多く、何かに心を燃やさないと酒やドラッグなど非行に走ってしまう。彼らをサッカーに打ち込ませることで健全に育てたい。タウイチ・アカデミーは、そんな理想を掲げてスタートしたそうです。

・薬物、アルコールなどから少年たちを遠ざけ、サッカーを通じて健全に育てる。
・体力、感性、知性を向上させるための環境を整え、子どもたちを育成して社会形成に貢献する。
・子どもたちの才能を開花させるためのトレーニングを行ない、プロへの道筋をつける。
・子ども、スポーツ、平和をテーマに掲げ、大会をとおしてボリビアの子どもと世界をつなげる。

クラブが掲げるビジョンは子どもたちの育成で、サッカーで勝つことは二の次でした。それでも、「タウイチに入れば将来に希望が持てる」という噂が口コミで広まり、入団を希望する者が増え、それに伴って子どもたちに将来に希望を持たせたい、健全で良い街にしたいと望む富裕層からの寄付も集まるようになったと言います。

タウイチは勉強や人間教育にも力を注いでおり、アカデミー内の部屋で勉強をしている子どもも見ました。メニーナがいないとき私を案内してくれた選手は英語がペラペラで、大人との会話や受け答えもスムーズでした。誰もが彼と同じように流暢に英語を話すわけではないとは思いますが、それでも十分に参考になる理念や指導方針を目にすることができました。

帰り際、私はメニーナに尋ねました。

「これだけいい選手がいるのに、どうしてトップチームを立ち上げないの?」

「トップチームは作らないよ」

理由は明確でした。

トップチームを作ると、誰もがいつしかトップチームのことしか考えなくなってしまう。それでは、ストリートチルドレンを減らす、子どもたちに希望を持たせる、という最初の目的からずれてしまう。だから我々はトップチームを作らない、ということでした。

そのときにメニーナが言ったのが、

「タウイチは、プレーヤーズ・ファーストなんだ」

という言葉です。

現在、日本の指導現場でもよく聞かれる「プレーヤーズ・ファースト」という言葉は、実は私がボリビアで聞いて感動して、日本に持ち込み、強化指導指針に載せることで広まっていったものなのです。

トップチームを作れば能力のある選手にばかり目が行き、サッカーの実力の落ちる選手に気を配ることができなくなる。それは、立ち上げの精神に反する。ポリシーが失われてしまうので、我々にトップチームは必要ない。

日本をはじめ、サッカー先進国の多くがそうであるように、まずトップチームがある。そこへ(移籍金を発生させずに)才能ある選手を供給するために、アカデミーを整備する。それとは、まったく逆の発想で成り立っているのがタウイチ・アカデミーなのです。

感銘を受けたノルウェー協会の指導方針

もちろん、ノルウェーにも行きました。

フィヨルドに分断されたノルウェーは、地理的に恵まれているとは言えません。冬は屋外での活動が難しく、国内移動にも時間がかかります。そんな状況でも厳しいヨーロッパ予選を突破し、アメリカ行きを決めた裏には必ず何かある。

それを探りに行きました。

すると、グラスルーツや育成年代の強化に力を入れていることがわかりました。

とりわけ心を動かされたのが、子どもたちの力を伸ばすためにノルウェーサッカー協会が設けていた「少年サッカーにおける7つの心得」と、それを実現させていくための「親のための10の心得」です。

もちろん正解は、ひとつではないかもしれません。ただ、ここでも言えることは、タウイチ・アカデミーにも共通している重要な「プレーヤーズ・ファースト」の精神ではないでしょうか。

人口が少ない、地理的にも気候的にも恵まれていない。そんなハンディを埋めるためにと考え出されたノルウェーの心得は、世界中のすべての国が参考にすべき、子どもの成長を助けるための素晴らしいスローガンだと思います。いまでは日本でも、親にも教育しながら選手を育てていこうという風潮が出てきましたが、40年も前からそれに気づき実践していたことは本当に素晴ら

少年サッカーにおける7つの心得／親のための 10 の心得

《少年サッカーにおける7つの心得》

1. 子どものサッカーは遊びであり、それは楽しくなくてはなりません。
2. 子どものサッカーで最も大切なことは、友だちと一緒にプレーすることです。
3. すべての子どもに同じ時間プレーさせてあげてください。
4. 子どもたちに勝ちと負けの両方を学ばせてください。
5. 対外試合よりも、クラブでの練習を。
6. 子どものサッカーにはバラエティに富んだ活動が大切。
7. 子どもにとっての楽しいサッカーを一緒に作り上げていきましょう。

《親のための 10 の心得》

1. 試合や練習を見に行ってあげましょう！
   ……子どもはそれを望んでいます。
2. 試合ではすべての子どもを応援してあげましょう！
   ……自分の子どもだけではいけません。
3. 調子の良いときだけでなく、調子の悪いときも勇気づけてあげましょう！
   ……批判はいけません。
4. チームリーダーを尊重してあげましょう！
   ……彼らの判断に圧力をかけないように。
5. レフェリーはインストラクターとみなしましょう！
   ……判定を批判してはいけません。
6. 子どもが参加することを刺激し、勇気づけてあげましょう！
   ……プレッシャーにならないように。
7. 試合がエキサイティングだったか、楽しかったか聞いてあげましょう！
   ……結果だけを聞くことがないように。
8. サッカーにふさわしい、節度ある用具を準備してあげてください。
   ……おおげさにならないように。
9. クラブの仕事を尊重してください。
   ……積極的に親のミーティングを開き、どのような態度で臨むべきか話し合いましょう。
10. 忘れないでください。サッカーをするのはあなたの子どもです。
    ……あなたではありません。

しいと思います。

育成の成功なくして真の強化は実現できない。そうした思いがあるからこそ、グラスルーツの充実に力を注いでいるのでしょう。

海外に行き、自分の目で確かめ、話を聞く。そうすることで、初めて学ぶことができるのです。一度そうした感動を味わうと、ハマってしまいます。世界中どの国にも行ってみたくなりますし、そこで学んだ素晴らしいことを日本に取り入れたくなる。

私がいまも海外に足を運んでいる理由は、そうした原体験があるからです。

"テクニカルレポート"の原形

留学当初、私はコーチとしての自分自身を高めるため勉強するつもりでした。しかし、次第に国としてのシステム作りや強化の過程などに興味を持つようになり、それが自然と、どうすれば日本が強くなり、世界と互角に戦えるのか、というメインテーマに辿り着いたのです。

世界各国の現状を見て回る。優秀な指導者に話を聞く。優れた強化策を学び、日本の文化・伝統に照らし合わせて採り入れられる形で採り入れていく。現在の活動につながるそのようなフィールドワークは、2度目のイングランド留学あたりから自分のスタイルになったのではないかと思います。

当時、日本サッカー協会（JFA）で田嶋さん、玉井朗さんなどのお手伝いをしていたこともあり、「こういう者が勉強に行くのでよろしく」という推薦状を書いてもらっていたのですが、その推薦状が役に立ちました。

クラブの内部を案内してもらったり、練習を見学させてもらったりした経験は非常に刺激的で、とても勉強になりました。

ロンドンを起点にオランダ、スペイン、スウェーデン、ドイツなど、ヨーロッパのいろいろな国にも行きました。

「せっかく推薦状を書いてやったんだから、レポートくらい書いたらどうだ」

そんな勧めもあり、各国のトレーニング方法や育成に関する情報を、当時のJFAニュースに紹介するようになりました。

毎月1回、『長期的視野に立ったサッカー選手の育成』という連載を書かせてもらいました。

そこでは成城大学で学んだ経験などを活かして、一貫指導の大切さなどを訴えました。選手の発育・発達的に見て、なぜ、一貫指導が有意義なのか。一貫指導という方法で強化を進めている諸外国の例なども挙げて、説明しました。

その連載が終わると今度は、ヨーロッパの現場で行なわれているトレーニングなどを参考に、実践的トレーニングを紹介し、その目的とともにわかりやすく解説する『プラクティカル・サッカートレーニング』という連載を引き受けることになりました。

イングランド、オランダ、スウェーデンなどでは、こんなトレーニングをしている。4対4のスモールゲームを行なう際は、具体的にどのような点を重視してトレーニングしているのか——。

そんなレポートを定期的に寄稿するようになりました。

いくつかの原稿が、当時JFAの強化委員長を務めていた加藤久さんの目にとまったようです。

正式に、強化委員として仕事を手伝って欲しいと頼まれました。

「何ができるかわかりませんが、自分にできることは、もちろんやらせていただきます」

そうして、1995年頃からJFAの強化委員の末席に名前を置くことになったのです。

【1995 U-20世界選手権 カタール大会 1995 U-17世界選手権 エクアドル大会】

日本サッカー史上初のテクニカルレポート

久さんは実に先見の明を持った方でした。

これまでたくさんの仕事を一緒にしてきましたが、最初に取り組んだのが『強化指導指針』を打ち出すことでした。

当時の日本サッカー界は、全国各地で独自の指導が行なわれていました。もちろん、そこには長年にわたって努力を続けてきた先人の知恵がありましたが、そのような素晴らしい指導はすべてブツ切りで、日本全体としてその方向性が共有されているわけではありませんでした。

「指導者一人ひとりの努力や特徴を大事にしながらも、大きな方向性を定めないと、日本の力を発揮することはできない」

久さんは、常々その必要性を説いていました。

そこで、日本サッカー界全体が〝知を共有する〟ために打ち出されたのが『強化指導指針』であり、いまにつながる『テクニカルレポート』だったのです。

それまでに存在しなかった『強化指導指針』を作るのは、大変な作業でした。

久さんの頭には漠然としたイメージがあったものの、どういう章立てで組み立て、どのような項目を盛り込むのか、具体案はありませんでした。指針は「世界のサッカー」から、すなわち「テクニカルレポート」から導き出されるもの、このひとつだけを頼りにまさに暗中模索……。未知の荒野を切り拓く開拓者の思いで、ゼロからスタートしました。

久さんの家には地下に書斎のような仕事場があり、そこに通い詰めて作業しました。あの当時は、自分が何をしているのか。果たしてこれが正解なのかわからずに不安しかありませんでしたが、いま思い返すと非常にいい思い出です。久さんの奥様にも、大変お世話になりました。

そうして、何カ月もかけて『テクニカルレポート』を盛り込んだ『強化指導指針』が、ＪＦＡニュースの増刊号として完成したのが、１９９６年3月のことです。

ようやく完成したときは、心からホッとしました。日本サッカーの5年先、10年先を見ている久さんの頭のなかにだけあったものを、なんとか形にできたという思いでした。

自分みたいな叩き上げの現場人間が、日本代表でキャプテンも務めたような雲の上の大先輩に可愛がってもらい、「一杯やりに行くか」と誘われた酒の席でなんとかイメージをつかみ、現場で活かされることを考えて努力したからこそ、完成に至ったのだと自負しています。

それと同時に、私はサッカーを通じて素晴らしい方々と出会えていると、つくづく思います。田嶋（幸三）さんがいて、（加藤）久さんがいた。そうでなければ、いまの私はいません。人との出会いに関して、私は本当にラッキーだと感じています。


『強化指導指針　1996年版』には、次のような項目を盛り込みました。

序編では、当時の日本サッカー協会・長沼健会長から次のような言葉をいただきました。

「日本のサッカーを強化し、さらに多くの人たちから愛されるようになるためには、私たちサッカーに関わる者たちが、日本サッカー界発展の旗のもと一致協力して、その目標に向かって努力していかなくてはなりません。（中略）この『強化指導指針1996年版』には、専門的な知識や情報によって、次代を担う若者たちを育成する考え方が導き出されており、それは代表チームの強化、日本の競技レベル向上、競技の広範な普及に大きく寄与するものです。

これらを実行し、創り上げていく主体は、日本サッカー界に携わるすべての人なのです。一人ひとりがそれぞれの持ち場で、情熱と勇気を持って、たゆまない努力を続けていくことが日本サッ

強化指導指針　1996年版

◇序編

◇第１編……強化指導指針

第１章　日本代表強化と一貫した指導

第２章　長期的ビジョンと育成

第３章　日本のユース選手たちはいま

第４章　日本のユース選手たちの課題

第５章　課題への取り組み

第６章　発育発達に応じた指導

第７章　まとめ

◇第２編……サッカー用語の統一

◇第３編……スキルテストマニュアル

◇第４編……フィールドテストマニュアル

◇第５編……トレーニング実例

◇あとがき

サッカー選手に必要な要素

《サッカー選手に必要な要素》

・技術
（キック、ヘディング、トラップ、ドリブル、フェイント、タックル）

・戦術
（個人戦術、グループ戦術、チーム戦術）

・フェアプレー

・メンタリティ

・体力
（持久性、スピード持久性、スピード、パワー、筋力、バランス、アジリティ）

カー界の躍進の原動力となるのです。サッカーを愛するすべての者が一致協力して、より良い日本サッカー界を創り上げていこうではないですか」

第1章では、ボーイズ（8歳から12歳）、そしてユース（13歳から18歳）の時期の強化の重要性を、諸外国の例や図を用いて説きました。

第2章では、ナショナルトレーニングセンター制度の説明や、若年層育成を手掛ける指導者に求めたいこと、サッカー選手に必要な5つの要素などを明記しました。

第3章から第5章にかけては、1995年にカタールで行なわれたU‐20世界選手権（現在のU‐20W杯）と、エクアドルで行なわれたU‐17世界選手権（現在のU‐17W杯）に出場した、U‐20日本代表とU‐17日本代表の戦いぶりを総括し、そこから見えた手応えと課題、課題への取り組み方などを『テクニカルレポート』という形で記しました。

U‐20日本代表はベスト8、U‐17日本代表はグループステージ敗退という結果でしたが、それぞれ世界の大舞台で大きな成果をあげてくれました。そして、「世界」と戦うことができて初めて見えてくる日本全体の課題もあぶり出してくれました。

U‐20日本代表の戦いぶりに関しては、次のように分析しています。

1995　U-20世界選手権　カタール大会テクニカルレポート

○攻撃

1）ディフェンスライン

・1人がボールを持っているとき、他の選手のポジショニングが悪い。

・ゲームをビルドアップする際、20 mまでの距離のパスの精度はだいぶ改善されてきたが、30 m程度になると、精度・強さともにかなり低下する。

2）ミッドフィールド

・ワンタッチで前を向けていない。理由のひとつは、周囲が見えていない。もうひとつは、ワンタッチコントロールの技術が未熟。

・ボールが入ってから動き出しているために、サポート、動き出しが遅い。

3）トップ

・早いタイミングでボールを受けたときは確実にボールを止め、攻撃の起点となっていた。背中にディフェンスがついたときも、身体を預けてすり抜けていくプレーができるようになった。

・ボールキープに関しては各国関係者から高い評価を得たが、クロスやシュートになるとミスが非常に目立った。

・簡単にプレーせず、やり過ぎてボールを奪われる場面も多かった。

○守備

1）トップ

・ボールを奪われたとき、よく追いかけ初期のスローダウンはできている。

2）ミッドフィールド

・相手の中盤が下がってボールを受けようとしているとき、相手への寄せが甘く、相手を振り向かせてしまっている場面もあった。

3）ディフェンスライン

・相手への寄せが遅く、簡単にゴール前にクロスを入れられるシーンがあった。

・1対1のポジショニング、相手がドリブルを仕掛けてきたときの対応、ヘディングの際の身体の寄せが、トップクラスと比較して見劣りする。

○技術

・「ボールを止めて蹴る」ことの精度が低い。強く正確なパス、ワンタッチコントロールでのターンはとくに重要である。

・30 m以上のパスに関しては、精度・強さともに落ちる。

○戦術

・攻撃の場面で戦術、技術とも難しく考え過ぎで、シンプルにやる大切さを忘れている。

・良い判断をするための状況の把握が不足している。

・個人戦術、グループ戦術は理解していると思うが、ゲームでは「これぐらいでいいだろう」という中途半端なプレーに終わり、パーフェクトなプレーができていない。

・前線の選手のディフェンスへの意識が甘く、ゴールサイドにポジションを取っていない場合が多い。

○体力

・単純に20～30 m走るスピードに決定的な差はない。

・瞬発、反転、復元力など「アジリティ」の要素がかなり不足しており、受け身になったときに顕著である。

・スペイン、オランダ、オーストラリアなどのチームと比較すると、フィジカルコンタクトの弱さが非常に目立った。

・ファーストランクの国は、１８０cm 以上の大型プレーヤーが攻守に渡ってエネルギッシュでパワフルなプレーをしている。また回復力もある選手たちが多い。日本はひ弱さが感じられる。

世界に出なければ得られない経験値

1995年のU‐20世界選手権に出場した日本代表は、田中孝司監督、山本昌邦コーチ、松井清隆コーチ体制下、18名のメンバーがいました。松田直樹、熊谷浩二、中田英寿、安永聡太郎といった面々を中心に、グループリーグでは南米の強豪チリと引き分け。スペインに敗れたものの、ブルンジに勝利。グループ2位で決勝トーナメントへ進みました。

8チームによる決勝トーナメントの初戦、ベスト4を懸けた一戦の相手はブラジル。日本は、奥大介のゴールで先制しましたが、この大会で最終的に準優勝するブラジルに逆転負けしました。ブラジルにはカイオ、ゼ・エリアス、ルイゾンといった選手たちがいました。

また、エクアドルで開催されたU‐17世界選手権に出場した日本代表チームでも、同じような手応えと課題がありました。

松田保監督、松井清隆コーチ、吉田靖コーチ体制で臨んだチームには、古賀正紘、小野伸二、稲本潤一、酒井友之、高原直泰といったメンバーがいました。

「サポートの徹底」と「マークの基本原則の徹底」をテーマに、コンディション面では高地対策などにも取り組みました。エクアドルの首都キトは、2850メートルの高地にあるため、低圧化での体力の低下を抑える試みを行ない、それも指針のなかで共有していきました。

ガーナ、アメリカ、エクアドルと対戦したグループリーグの結果は1勝1分1敗。エクアドルと勝点で並びましたが、得失点差で惜しくも3位となり、目標としていたベスト4を実現することはできませんでした。

その2年前、日本で開催されたU‐17世界選手権ではベスト8まで進んでいましたが、それはホームで戦う有利さに加え、テストケースで導入されたキックイン（タッチラインからボールが出た際、スローインではなくキックでリスタートする）のルールが、財前宣之という素晴らしいキッカーと、船越優蔵というターゲットプレーヤーを擁していた日本にマッチしていたと思われました。

とはいえ、2年前のチームと比較してもチーム力は確実に向上しており、アジアユースで日本が勝利したオマーンがベスト4に進出したことなどからも、十分に上位を狙える力を有していることがわかりました。

大会後に感じたのは、アウェーで開かれた世界大会に、この年代ではおそらく初めて出場した貴重な経験を、広く共有し、次の世代に受け継ぐことです。世界に出てみないとわからないこと、真剣勝負をとおしてしか感じられないことは、確かにあります。

この大会で得た経験を活かし、その後、大きく羽ばたいていった小野と稲本が、先日ある雑誌のインタビューで、次のように答えていたのが印象的でした。

「僕の世代と僕の1個上の世代って、海外への遠征や合宿にどの世代よりも行かせてもらったと思うんです。そこでそれぞれが何かを学んだんじゃないですか」（小野）

1995　U-20 世界選手権　カタール大会／ベスト8

pos.	No.	選手名（所属）	出場数	得点	第１戦	第２戦	第３戦	準々決勝
				日付	4月14日	4月17日	4月19日	4月23日
				対戦相手	チリ	スペイン	ブルンジ	ブラジル
					△ 2-2	● 1-2	○ 2-0	● 1-2
GK	1	本田征治（中京大）	2	0	○ 90	○ 90		
GK	18	下田　崇（広島）	2	0			○ 90	○ 90
DF	2	秋葉忠宏（市原）	4	0	○ 90	○ 90	○ 90	○ 90
DF	3	大森健作（横浜 M）	3	0		▲ 45	○ 90	▽ 72
DF	4	森岡隆三（鹿島）	0	0				
DF	5	松田直樹（横浜 M）	4	0	○ 90	○ 90	○ 90	○ 90
DF	6	山田暢久（浦和）	4	1	▽ 85	○ 90	○ 90 ①	○ 90
DF	12	山西尊裕（磐田）	3	0	○ 90	▽ 45		▲ 18
DF	13	萩村滋則（筑波大）	1	0	▽ 45			
DF	16	鈴木和裕（市原）	3	0	▲ 45	○ 90	○ 90	○ 90
MF	7	熊谷浩二（鹿島）	4	0	○ 90	○ 90	○ 90	○ 90
MF	8	大塚真司（市原）	0	0				
MF	10	伊藤　卓（国士舘大）	3	0	▲ 5	▲ 35	▲ 13	
MF	15	中田英寿（平塚）	4	2	○ 90 ①	○ 90 ①	○ 90	○ 90
MF	17	奥　大介（磐田）	4	1	○ 90	▽ 55	▽ 77	▽ 77 ①
FW	9	安永聡太郎（横浜 M）	4	1	○ 90	○ 90	○ 90 ①	○ 90
FW	11	大木　勉（広島）	4	1	○ 90 ①	○ 90	▽ 86	○ 90
FW	14	藪田光教（V 川崎）	2	0			▲ 4	▲ 13

○＝フル出場、▽途中交代、▲途中出場、数字は出場時間、丸数字は得点

1995　U-17 世界選手権　エクアドル大会／グループリーグ敗退

pos.	No.	選手名（所属）	出場数	得点	第１戦	第２戦	第３戦
			日付		8月3日	8月5日	8月8日
			対戦相手		ガーナ	アメリカ	エクアドル
					● 0-1	○ 2-1	△ 0-0
GK	1	中村　元（四日市中央工高）	3	0	○ 90	○ 90	○ 90
GK	18	中川雄二（国見高）	0	0			
DF	2	古賀正紘（東福岡高）	3	0	○ 90	○ 90	○ 90
DF	3	吉川京輔（市立船橋高）	3	0	○ 90	○ 90	▽ 82
DF	4	川口卓哉（札幌白石高）	3	0	○ 90	○ 90	○ 90
DF	15	井手口純（桐光学園高）	0	0			
MF	5	酒井友之（市原ユース）	3	0	○ 90	○ 90	○ 90
MF	6	中谷勇介（奈良育英高）	3	0	▲ 10	▲ 11	▲ 33
MF	7	小林久晃（清水市商高）	3	0	○ 90	○ 90	○ 90
MF	8	新井場徹（G 大阪ユース）	3	0	○ 90	○ 90	▽ 78
MF	12	辻本茂輝（近大附高）	1	0	▲ 1		
MF	13	稲本潤一（G 大阪ユース）	3	0	▽ 80	▽ 79	▽ 57
MF	14	小野伸二（清水市商高）	3	0	▽ 89	○ 90	○ 90
FW	9	西谷正也（北陽高）	0	0			
FW	10	山崎光太郎（清水東高）	3	1	▽ 76	▽ 85 ①	○ 90
FW	11	田中洋明（読売ユース）	2	0	○ 90	▽ 59	
FW	16	高原直泰（清水東高）	3	1	▲ 14	▲ 31 ①	○ 90
FW	17	板橋裕也（前橋育英高）	2	0		▲ 5	▲ 12

○＝フル出場、▽途中交代、▲途中出場、数字は出場時間、丸数字は得点

「今は昔と違ってA代表を経験する前に、下手したら高校生でも海外に出ていけるわけですよね。それなら、もしタイミングが合えば、日本の外に出て行って欲しい、と僕は思います」（稲本）

仲二や稲本が生まれた1979年のメンバーを「ゴールデンエイジ」と呼ぶことがありますが、私は、2つの考え方ができると思っています。

ひとつは、たまたま才能のある選手が集まった世代だったという考え方。

もうひとつは、どの年代にも素晴らしい選手たちはいる。しかし、1979年生まれの彼らは、あのエクアドルで世界という舞台の経験を積んで成長し、ゴールデンエイジとなったという考え方です。

話は少し逸れますが、U-17世界選手権の前、ペルーでの事前キャンプでの経験も大きかったと思います。トレーニング視察の敷地内は安全な空間でしたが、一旦敷地外に散歩に出てみると、ヨダレを垂らしたまさに野犬がウロウロしています。

そして、建物の上にはライフル銃を持った民兵らしき人物が……。

「走ったら撃たれるぞ、絶対に走るな！」

「でも、犬が近づいてきたら、どうすればいいんですか？」

「いいから、ゆっくり行け」

途中からそんな会話をしながら、ソロリソロリと散歩をしました。

敷地のゲートが見えた瞬間、みんなで一斉にダッシュ。

当然、翌日からは敷地外での散歩はなくなりました。エクアドルに入ってからは、やはり散歩で犬に追いかけられた吉田コーチが猛然とダッシュで逃げたのですが、上り坂で追いつかれ、ふくらはぎをガブリとやられるのを目撃したりもしました。日本では、絶対にできない経験です。15歳でそんな世界の広さを知った彼らは、少しのことでは動じなくなり、世界へ出ても平常心を保つことができたのではないでしょうか。

練習試合をやっても、激しいタックルなんて当たり前。ボコボコのグラウンドで、足ごと持っていかれるようなタックルを受け、「これが世界か」と感じたはずです。

遅いパスをしようものなら、受けた選手が根こそぎ持っていかれてしまう。そんななかで自然とパススピードが速くなり、シンプルにプレーすることを心掛けるようになりました。

あの世代の選手たち、小野や稲本に才能があったことは間違いありません。と同時に彼らは、早くから世界に出て、世界で持てる才能に磨きをかけたことも事実でしょう。

サッカー選手である前にひとりの人間

1995年のU-20とU-17、2つの世界選手権をとおして見えた日本のユース選手たちの課題、言い換えれば、すでにその時点で欧州のトップクラブで活躍している選手たちに見られるストロングポイントは、次のような点でした。

1995年U - 20世界選手権・U - 17世界選手権から見えた 世界トップレベルの選手のストロングポイント

・フェアプレーの精神を理解し、実践できる。

・予測の能力、ゲームを読む能力を備えている。

・身に付いた高い技術を必要に応じて発揮できる。

・状況を把握し、迅速に的確な判断ができる。

・狭いスペースのなかでも、次のプレーがしやすいところにワンタッチでコントロールできる。

・スピードを伴ったショートパスに加え、サイドチェンジやロングパスの精度も高い。

・ファウルにならないディフェンス能力とカバーリング能力を身に付けている。

・タイミング良く、ボールを受けることができる。

・混戦のなかでも落ち着いて、狙いを持ったフィニッシュができる。

・オールラウンドな能力に加え、自分の武器も備えている。

・瞬間的なスピードに加え、受け身になったときでも身体能力を発揮できる。

・競り合いのなかでも、バランスを崩さずプレーできる。

・90分間、集中力を持続できる。

・生活や自分の感情をコントロールできる。

・自己あるいは、チームの目標に向かって継続的に努力できる。

・チームのディシプリンを理解し、実践できる。

ピッチ内外で見られた課題、世界基準となるために備えるべきポイントは、20年以上が過ぎた現在の選手たちにも当てはまるのではないでしょうか。

またテクニカルレポートでは、ピッチ外にも目を配りました。例えば、こんな記述があります。

「中学校などで『いじめ』が問題となっているように、この年代は非常に仲間意識が強く、あとから入ってくる者を疎外する傾向が当初は見られましたが、この傾向を松田保監督がいち早く見抜き、状況を見ながら適切な指導を行なっていきました。もちろん、このような状況を克服し、這い上がってくる選手もいましたが、今後、監督・コーチはこのような状況を理解したうえで、選手選考や指導を行なう必要があるでしょう」

サッカー選手である前にひとりの人間である。しかも、アンダー世代は男女問わず思春期にあたる微妙な時期なだけに、そうした面にも特に気を遣う必要がある。そのような配慮は、20年近くが過ぎた現在も指導者に求められることではないでしょうか。

サッカー用語を統一してベクトルを合わせる

『強化指導指針　1996年版』では、久さんの強い意向で、それまではバラツキが見られたサッカー用語の統一にも力を注ぎました。

日本サッカーは、現場の指導者たちの情熱によって支えられてきましたが、その方向性がバラバラでは意味がありません。指導者のベクトルを合わせ、各自の力をひとつに集結して、大きな力にしたいという思いがあったのです。

サッカー用語に関して、①日本で出版されている書籍などで使用されている用語、②世界各国で使われている用語、③日本の指導現場で使われている用語、という3つの観点で調べてみると、次のことが明らかになりました。

1）同じ用語であっても、選手や指導者によって意味が異なる。
2）世界各国の指導現場と異なる用いられ方をしている用語がある。
3）必要な概念を端的に示す言葉が見当たらず、かつ、指導も行なわれていない。

そのようなことから、サッカー用語の統一が必要という結論に達しました。言葉の意味や概念を頭で理解するだけでなく、実際の指導現場で使用してほしい。そんな思いがありました。

当時、曖昧だった言葉として次のようなものが挙げられます。指導現場で浸透しているものもあれば、まだ耳慣れない言葉もあるかもしれません。

スクエアパス……フィールドを横切るパス。横パスと同義。
スクリーン……ボールと相手の間に自分の身体を入れ、ボールを奪われないようにする技術。
ディフレクティング……GKが手のひらを使って、ボールのコースを変える技術。

レイオフ……後方から来る選手にボールを落とす技術。ポストプレーなどに見られる。
アイコンタクト……目と目で合図し、味方同士の意思疎通を図ること。
オーバーラップ……ボール保持者の背後を通過し、前方のスペースに飛び出す動き。
クロスオーバー……2人の選手が互いに逆方向に走り、交差する動き。
クロス……センタリングと同義だが、国際的にはクロスが一般的。
ダイアゴナルラン……中央からサイド、あるいはその逆に斜めに走る動き。
マノン……「相手が来ているから、ボールを奪われるな」という意味。

日本サッカー強化の第一歩

第3編では、子どもたちがスキル（実践的な技術）を獲得するために効果的ないくつかのテストを紹介しました。

ボールリフティング、ボールコントロール、ドリブル&パスなどで、それぞれ回数やタイムに応じてポイントを明記しました。子どもたちの興味を引きながら、ゲーム感覚でスキルを習得して欲しいとの思いがありました。

続いて第4編では、体力面の改善をテーマにいくつかのトレーニングを紹介しました。

上体おこし、垂直跳び、メディシンボール投げ、サイドステップ、50メートル走などです。

そして第5編では、全国9地域の優秀選手を集めて行なわれた、1995年度のトレーニングセンター中央研修会で実施したトレーニングメニューを掲載しました。グループ戦術＋技術を磨くもの、守備の個人戦術（マークの原則）、攻撃の個人戦術（ボールを引き出す動きとDFの背後へのパス）、チーム戦術などです。

こうして出来上がったのが、『強化指導指針　1996年版』です。

右も左もわからないなか、「世界と肩を並べて戦える日本。この夢を、しっかりとした土台のもとに実現させたい」という思いのみで作り上げた一冊は、日本サッカーの成長に寄与し、強化の第一歩となったと信じています。

【1996 アトランタ五輪】

困難を極めたスカウティング

1996年は、3月にアトランタ五輪のアジア最終予選があり、7月に本大会がありました。あのチームは結果的にメキシコ五輪以来28年ぶりとなる五輪出場を決めたのですが、アジアでの戦いは熾烈を極めるものでした。いま思い返しても、あの厳しい戦いをよく勝ち抜けたものだと、感心するほどです。

1次予選は、さほど問題なく突破しました。タイ、台湾を相手に4連勝を飾り、16得点1失点。キャプテンの前園（真聖）が絶好調で5得点、ストライカーの松原（良香）も5得点で並び、城（彰二）が3得点を奪いました。

しかし、最終予選の相手は次元が違いました。

マレーシアを舞台に一極開催で行なわれたアジア最終予選は、8チームが2グループに分かれ、各グループリーグの上位2チームが準決勝に進出。全4チームのうち3チームに五輪の出場権が与えられるというレギュレーションでした。

日本は、イラク、オマーン、UAEと同グループになりました。強豪揃いというだけでなく、そもそも当時は相手チームの情報がほとんどありませんでした。いまはインターネットをつなげば、ほぼすべての情報を手に入れることができますが、どんなチームか、どんな選手がいるのか、さえもわからなかったのです。

スカウティングを担当した私は、そんなことは言っていられないので必死でした。「もう少し情報があるとありがたいんだよね……」と言う西野（朗）監督の要望をかなえるために、あらゆる手を尽くしました。

まずは、商社をとおしてアジア各国で流れているビデオを送ってもらいました。日本の商社のネットワークは偉大で、いくつかの国際試合の映像をVHSで手に入れることができました。

ところが、画像が粗くて誰が誰だかサッパリわからない。しかもほとんどがフル代表の試合で、そのなかに五輪代表がいるかどうか……。中東の国々は意図的に背番号を変えることもあるので、背番号に頼るのは危険です。選手の特徴――走り方や蹴り方、ボールのないときの立ち方などに目を凝らして、なんとかデータにする感じでした。

それでも、確かな情報と言えるレベルには達しませんでした。特に初戦の相手であるイラクの情報は、まったくと言っていいほど集まりませんでした。

「もう、直接見るしかないな」

そう言って、マレーシアに乗り込んできたイラクチームをスパイする覚悟を決めました。

スカウティングは監督が選手に自信を持たせるためのもの

見つかったら、港に沈められて一巻の終わり……。そんな不安があるなか、イラクが泊まっているホテルへ向かいました。いまでこそ、試合前は少なくとも週に1度は練習をオープンにするという約束事がありますが、当時は練習の場所も時間も非公開。直撃するしかなかったのです。なんとかホテルを見つけ出し、朝からロビーで新聞を読むふりをしながら待機しました。加藤久さん、野見山篤さん、私の3人でした。

しばらくすると、選手たちがゾロゾロと降りてきて、バスに乗り込んでどこかへ出発しました。我々3人も待たせてあったタクシーに乗り込み、バスを追いかけました。

1996 アトランタ五輪　アジア予選				
【1次予選】				
日付		スコア	対戦相手	得点者
95.05.26	○	5-0	タイ	森岡、小倉、城、松原②
95.05.28	○	4-1	台湾	前園③、松原
95.06.11	○	6-0	台湾	松原②、安永、城、前園②
95.06.14	○	1-0	タイ	城
【最終予選】				
96.03.16	△	1-1	イラク	城
96.03.18	○	4-1	オマーン	前園②、城、中田
96.03.20	○	1-0	UAE	上村
96.03.24	○	2-1	サウジアラビア	前園②
96.03.27	●	1-2	韓国	城

イラクの練習は、すり鉢の底にあるようなグラウンドで始まりました。つまり、隠れて練習を視察できるような場所がなかったのです。仕方なくタクシーの運転手に高台に車を停めさせて、「ちょっとボンネットを開けて修理しているふりをしてくれ」と頼みました。

マレーシア人の運転手は、我々の〝スパイ大作戦〟を面白がってくれて、気持ちよく協力してくれました。ところが、その日は単なるウォーミングアップのような練習で終わり、参考になるデータはほとんど得られませんでした。

次の日は、山の中腹にある練習場に移りました。野見山さんと私は、練習場の隣にあった工事現場に身を潜ませ、格好の場所を見つけました。野見山さんは駐車場に待機してもらって、私は壁から手を伸ばしてカメラだけを出して、練習風景をビデオに撮りました。

キッカーやターゲットがわかるセットプレーの練習をなんとか押さえて、現場から逃げるように立ち去りました。

私たちが命懸けで手に入れた情報が、当時のチームにどれほど役に立ったかはわかりません。ただ少なくとも、西野さんの表情を少し和らげるくらいの効果はあったと思います。

現在の日本代表ならば、そこまで神経質に相手の情報を集めなくてもなんとかなるでしょう。実際、2018年9月11日に行なわれたコスタリカとのキリンチャレンジカップで、森保監督は「選手たちの対応能力を高めよう」と事前スカウティングなしで試合に臨み、開始5分で相手チームのスタイルや選手について把握させるように持っていきました。結果は3-0の快勝でした。

しかし、当時はアジアでも日本の地位はトップではありませんでした。相手の方が格上で情報もないとなると、監督の神経は尖ってきます。少しでも情報があれば、チームに安心感を与え、一人ひとりの溌剌としたプレーにつなげることができるのです。

多くの情報があればそれに越したことはないのですが、

1. どんな感じの選手がいるのか（ヘディングが強い、ドリブルがうまいなど）
2. チームのフォーメーション（4-4-2なのか4-3-3なのか、など）
3. 基本的な攻撃のパターンと守備のやり方

4．セットプレーの基本パターン

これぐらいでも、もし事前に把握することができれば、監督には勝利への道筋が見えてくるものです。

もちろん、「ヘディングが強い選手がいる」とわかっても具体的な対策は思い浮かびません。大事なのはチームの勝利。そのために、どうすればその選手を抑えられるか、です。となると、その選手がどういう場面で持ち味を発揮し、逆にどういう場面で活躍できないかを調べる必要があります。そこを突き詰めていくと、監督の頭に戦略が浮かんでくるのです。

そうなれば、迷いなく選手たちを送り出せる。

ひたすら「自信を持って行け」と選手たちに言っても説得力がありません。ある程度の情報があれば、不安な雰囲気を作り出すことなく、選手たちをピッチに立たせることができる。

選手たちが、どんな気持ちでタッチラインをまたぐか。それは、監督にとって大事なことです。スカウティングによる情報は、監督が選手たちに自信を持たせるためにあるといっても過言ではないと思います。

ブラジル五輪代表のキープレーヤーは13人！

1996年7月、アトランタ五輪本大会でも徹底的に相手を分析しました。初戦のブラジル、

2戦目のナイジェリア、グループリーグ最終戦のハンガリーとも、難敵と言える相手でした。

ブラジルに関しては、何本ビデオを見たかわからないほどでした。

現地に飛び、実際に自分の目でも確認しました。ブラジルはマイアミの近くで事前キャンプを行なっていたのですが、練習を有料で公開していました。私は5ドルを支払って、堂々と練習を見学させてもらいました。

大会が始まる1週間前には、ブラジル五輪代表が世界選抜と親善試合（ブラジル五輪代表が、いかにすごかったかわかってもらえるでしょう）を行なったので、その試合でもいくつかのヒントを得ることができました。

まずは、一人ひとりの特徴を押さえることから始めました。通常、チームのキーマンと言える選手を2、3名分作るのですが、ブラジルは違いました。西野さんからのオーダーを確認すると、GKジダ、DFアウダイール、ロベルト・カルロス……、MFジュニーニョ・パウリスタ、リバウド……、FWベベット、サビオ、途中出場の多かったMFゼ・エリアス、FWロナウドなど、実に13人にのぼったのです。

「アジア最強」と言われた最終予選の相手サウジアラビアが4人だったことを考えると、いかにブラジルが飛び抜けた存在だったかわかると思います。

「ニシさん、11人超えてますよ」

「まぁ、それはしょうがないだろ」

1996 アトランタ五輪　日本代表戦績／グループリーグ敗退

pos.	No.	選手名（所属）	出場数	得点	第1戦	第2戦	第3戦
				日付	7月21日	7月23日	7月25日
				対戦相手	ブラジル	ナイジェリア	ハンガリー
					○1-0	●0-2	○3-2
GK	1	川口能活（横浜M）	3	0	○90	○90	○90
GK	18	下田　崇（広島）	0	0			
DF	2	白井博幸（清水）	2	0	▲14	○90	
DF	3	鈴木秀人（磐田）	3	0	○90	○90	○90
DF	5	田中　誠（磐田）	3	0	○90	▽72	○90
DF	12	上村健一（広島）	2	1	▲9		▲1 ①
DF	13	松田直樹（横浜M）	3	0	○90	○90	○90
MF	4	廣長優志（V川崎）	2	0		▲4	▲54
MF	6	服部年宏（磐田）	3	0	○90	▽86	○90
MF	7	前園真聖（横浜F）	3	2	○90	○90	○90 ②
MF	8	伊東輝悦（清水）	3	1	○90 ①	○90	○90
MF	10	遠藤彰弘（横浜M）	1	0	▽76		
MF	14	中田英寿（平塚）	2	0	▽81	○90	
MF	15	秋葉忠宏（市原）	1	0		▲18	
MF	17	路木龍次（広島）	3	0	○90	○90	○90
FW	9	城　彰二（市原）	3	0	▽87	○90	○90
FW	11	森岡　茂（G大阪）	1	0			▽36
FW	16	松原良香（清水）	2	0	▲3		▽89

○＝フル出場、▽途中交代、▲途中出場、数字は出場時間、丸数字は得点

あまりの多さに、「タイトルはピックアッププレーヤーでいいですか？」と冗談まじりに突っ込むと、「タイトルなんて、なんでもいいよ！」と言われたのを覚えています。

大変な作業になることを覚悟して、できる限りのビデオを確認しました。

ビデオ編集と言葉にするのは簡単ですが、実際はビデオとの格闘といった感じです。各選手の特徴がわかるのはもちろん、弱点が明確に伝わるものが求められます。ひとつも参考にならないビデオもあれば、ぎりぎり映っていないと落胆するビデオもありました。

視聴者が望むシーンと、我々が望むシーンが一致しないので当然なのですが、映像に向かって「そこじゃないって！」とか「もう少し引いて撮ってよ！」とか「そのひとつ前のリプレイが欲しいんだ！」と叫んだことは、一度や二度ではありません。

テープカウンターをにらみながら、ポーズボタンに手をかけ、VHSをVHSに仮編集し、そのあとで順番を並べ替える作業を続けるのです。徐々に画質が悪くなっていくなか、ひとつの映像を挟み込むのに最初からやり直し……。ポーズボタンの作業では、取り込む映像と捨てる映像とがわからなくなるということも何度もありました。

いまとは違って、パソコンなんてありません。ビデオデッキ2台の時代です。

全世界対応のドデカい機材をホテルに持ち込んで、まずはテレビの配線を調整。どの国でも、最初にテレビの裏に回り込んで、デッキ2台で編集できるように配線を変えることが、私たちの最初の仕事でした。あれで、テレビ周りにはずいぶん詳しくなりました。

サッカーの本質はゴールを奪い合うこと

「マイアミの奇跡」を起こしてブラジルに勝利しましたが、ナイジェリアに敗れ、ハンガリーを下して2勝1敗としながらも決勝トーナメントには進めませんでした。

あのときの悔しさ、どれだけいいサッカーをしても所詮勝ち上がれなくては意味がないという思いが、今回のロシアW杯での西野さんの采配を左右したのではないでしょうか。

アトランタを後にした日本代表と別れて、日本サッカーの今後に向けて大会全体を分析する目的で、私は岡田武史さんと一緒に決勝まで試合の視察を続けました。トーナメントの上に行くと試合間隔があくので、地元のチームを見に行ったり、一杯やりながらサッカー談義に花を咲かせたり、約2週間の間にお互いのサッカー観をぶつけ合いました。岡田さんとのつながり、20年以上におよぶ深い関係は、あの2週間で培われたような気がします。

最終的に優勝したナイジェリアも、ものすごいメンバーを揃えたチームでした。ヌワンコ・カヌー、J・J・オコチャ、ティイジャニ・ババンギダ、サンデー・オリセー、ダニエル・アモカチ……。世界的な名手ばかりでした。

あの大会を終えて感じたことは、サッカーの本質とは何か――。ということでした。

当時の日本は、パスやコントロールなどのボール扱いや、ビルドアップなどにこだわりを持ち、その質を上げることに躍起になっていました。その考えが間違っていたとは思いませんが、サッカーは結局のところ点を取るスポーツ、取られまいとするスポーツなのです。

その本質を忘れてはいけません。

サッカーの本質を心に刻み込んだうえで技術を磨かないと、意味がないのです。

これは日本人の良さとも言えると思いますが、目の前のことに勤勉になるきらいがあります。ボールコントロールやパスの正確性にフォーカスすると、本来の目的を忘れて、そこにばかり神経を注ぎがちになる。その努力により部分的な成長は果たせるのですが、そもそも何の目的のために細部にこだわったのかを忘れてしまうことが少なくないのです。

本質を忘れずに細部を磨き、それによってワンランク上のレベルに到達する。どちらか一方に偏るようでは、世界では結果を残せない。

技術レベルが高いだけでなく、身体も強く、チームプレーもあり、それでいて選手一人ひとりが貪欲にゴールを目指す。そんなナイジェリアが優勝したアトランタ五輪は、サッカーの本質の大切さに気づかせてくれた大会だったと思います。

育成年代の指導をしていると、どの年代でも、どのチームでも同じ問題にぶつかります。

結果なのか、成長なのか――。

結局のところ、どちらも忘れてはいけないのです。勝利至上主義だけでは成長はないし、勝ち負けを無視しても子どもたちは育たない。

指導者にとっては子どもの成長が第一で、勝つためだけのサッカー、例えば大きな選手を目掛けてとことん蹴るだけのスタイルなどは論外です。特にジュニア年代では、そうすれば勝てるという方法論がいくつかありますが、それを選択しては将来がありません。

かといって、本気で勝負にこだわる姿勢もまた成長を促してくれます。勝敗を度外視するのは、選手の思いに反する行為です。試合に、勝負事に臨む選手は、誰だって勝ちたいと思っています。その思いをないがしろにしてはいけません。

選手たちは、どんなときも「絶対に勝つんだ」という強い気持ちを持って試合に臨むべきです。もちろん、結果として負けてもいい。勝っても負けても学ぶことはできる。だからこそ本気で勝利を目指すべきなのです。

足りない部分をコツコツ磨くことも大事ですし、レベルアップを目指す姿勢も必要でしょう。しかし、選手たちは本来持っているはずの欲求——勝ちたい気持ち、ゴールへの執着心、ボールを奪う積極性を失ってはいけない。

善戦しながらもグループリーグ敗退に終わったアトランタ五輪は、改めて、何が大事なのかを教えてくれた大会でした。

広島の黄金期につながる種をまく

1996年、アトランタ五輪最終予選が終わったタイミングで、私は今西和男さんに呼ばれる格好で、サンフレッチェ広島で当時、日本としては初めての「ユースダイレクター」として働くことになりました。

森保一監督（現・日本代表監督）の下で2012、2013シーズンにJ1連覇を果たすなど、現在の広島は日本のトップクラスに位置しています。

しかし、私が働き始めた当時はステージ優勝の経験こそあれ、財政的にも決して裕福ではない一地方クラブでした。優秀な選手を獲得するお金はなく、高校を卒業した選手でも同程度の金額をもらえるなら、広島よりも首都圏のクラブに魅力を感じていたに違いありません。

JFAの強化委員として、加藤久さんたちと一緒に働いていた今西さんは、一貫指導に魅力を感じるなど、〝クラブの在り方〟に関して私と同じ画をすでに描いている方でした。

選手獲得が難しい→ならば選手を育てる→アカデミーでの育成に力を入れよう。

そうした発想の持ち主でした。

今西さんが特別だったのは、自分たちの育成組織、つまり広島のアカデミーを強くすることにとどまらず、地域と一体になって選手を育てるという考えを持っていたところです。

地域との絆を大事にする。そうした考えがありました。

当時、今西さんから私に与えられたミッションは、以下の3つです。

・一貫指導の概念、カリキュラムをクラブに確立する

・クラブのコーチ陣を指導する（週1回の勉強会やレクチャーなど）
・近隣の指導者の育成（広島のみならず中国地方や四国地方の育成年代の指導者を育てる）

現在、ＪＦＡ公認指導者ライセンスは、かなり細分化されています。

しかし、当時はＤ級ライセンスがありませんでした。ジュニア年代の多くのクラブが、現在もサッカーの経験のない小学校の先生方や、お父さんコーチたちに支えられています。

平日は仕事に励み、休日は自分の子どももいないのに指導をしてくれるお父さんコーチには頭が下がります。しかも、ほとんど無給で。世界に出てその話をすると、ものすごく不思議がられます。いわば日本の財産と言ってもいい、世界に例を見ない特別なことではないでしょうか。

時間的な余裕や金銭的な負担を考えても、Ｃ級ライセンスを取るのは難しい。そんなコーチも自信を持って指導できるように、数日で取得できるライセンスを作れないだろうか。ＪＦＡに幾度か提案したのですが、当然、新しいライセンスを作るのはそう簡単にはいきませんでした。

「サンフレッチェで独自のライセンスを作っちゃおうよ！」

今西さんの決断は早かった。

これだけは最低限学んで子どもたちを指導して欲しい。いや、このような指導だけはやめよう、だけでも十分。そんな思いから、土日を利用した1泊2日の指導者資格取得コースを作りました。

土曜日の昼に集まり、簡単なレクチャーと実技を行なう。夜は懇親会を開いて、サッカー談義。

JFA 公式指導者ライセンス

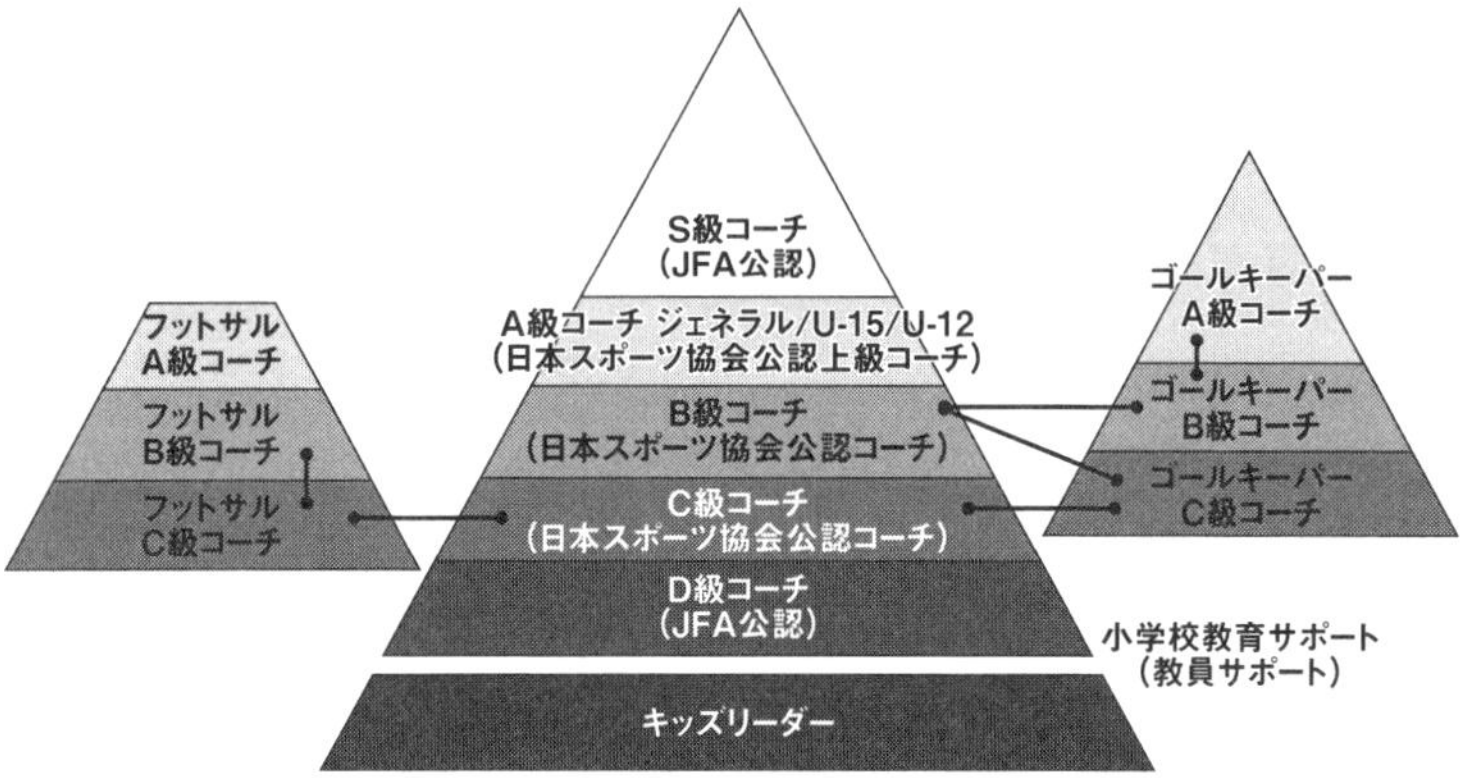

日曜日は発育・発達に応じた指導なども学び、最後はミニゲームで汗を流し、サッカーの楽しさを自ら実感するという内容です。

2日間を終えたコーチには、簡単な証明書とサンフレッチェコーチングディプロマがデザインされたエンブレムを渡しました。

「もしよかったら、このエンブレムをつけて指導してください」

サンフレッチェ広島が認めた指導者です、という意味を込めたエンブレムだったのですが、思いのほか実にたくさんのコーチが自分のトレーニングウェアにつけて指導してくれました。すると、練習試合や大会の際にエンブレムがちょっとした話題となり、「何それ、何それ」と口コミで広がっていきました。

そうした流れを受けて、ＪＦＡでも少年少女指導者資格（現在のＤライセンス）が作られるようになったのです。

地方で中央が動くのを待っているだけでは、埋もれていってしまいます。地方で輝くためには「ここから発信して中央を変えていくんだ」という気概が必要です。あのときの今西さんの素早いアプローチは、自ら決断して動くことの大切さを示してくれました。

クリエイティブな選手の育成、豊かな人間性の育成を柱とした「日本一の育成型クラブ」を目指した広島の試みは、徐々に実を結んでいきました。

地域のクラブや学校と連携しながら、サッカーだけでなく人間教育にも力を注いだ結果、自然と結果が伴うようになったのです。ユースは2000年代に入り、ジュニアユースも2010年以降、全国大会で優勝できるようになりました。

駒野友一、森﨑和幸・浩司、前田俊介、高萩洋次郎、森脇良太、槙野智章、柏木陽介、平繁龍一、茶島雄介、中山雄登、野津田岳人……。広島のアカデミーが輩出したプロサッカー選手は、いまも全国各地のクラブで活躍を続けています。

広島が選択した道は、間違っていなかったと思います。

私がユースダイレクターとして仕事をするようになった1996年は、Jリーグバブルが弾けた頃でした。思い返すと、あの当時、日本のプロサッカークラブは2つに分かれていました。

経済状況が思わしくない。だから育成にかけるお金を削ってトップに予算を充てるしかない。そう判断したクラブが8、9割。だからこそ選手を自前で育てていくしかないと判断したクラブがその残りの1割程度。その1割の代表格が広島だと思います。

有名な選手を買ってくるお金がないなら、育てるしかない。近隣の地域も巻き込んで、世界で通用する選手を育てようという発想です。

今西さんや織田秀和さんが先頭に立って積み上げていった広島での育成組織の充実は、足立（修）現強化部長へと引き継がれ、クラブの現在の成功につながっていると思います。そして同じことが、世界における日本を見た場合にも、当てはまるのではないでしょうか。

現在籍を置いているFC今治も、オーナーの岡田武史さんが中心となり、その壮大な理想に向かって走り始めたクラブです。

自分たちで選手を育てる。

私は、日本が世界のなかで生きていく道も、そこにしかないと信じています。

第3章

未知との遭遇

1997ワールドユース選手権
1998W杯フランス大会
1999ワールドユース選手権
2002W杯日韓大会

【1997ワールドユース選手権】

ユース年代の強化の重要性

1997年6月、U‐20日本代表がマレーシアでワールドユース選手権（現・U‐20W杯）を戦い、私はチームのサポートをしながら決勝まで残って大会全体の分析を行いました。

山本昌邦さんが監督を務めたチームには、77・78年生まれの宮本恒靖、戸田和幸、中村俊輔、明神智和、大野敏隆、柳沢敦といった選手たちに加え、飛び級で79年生まれのGK南雄太、FW永井雄一郎がいました。

この大会の日本代表は初戦でスペインにこそ惜敗しましたが、コスタリカを破り、グループリーグ最終戦でパラグアイと引き分けて決勝トーナメントへ進出。さらに、オーストラリアに勝利して準々決勝まで進んだものの、残念ながらガーナに敗れてベスト8で大会を終えました。

世界のトップと比べれば、チームとしても個人としてもまだまだ差はありましたが、中田英寿や松田直樹などを擁した前回大会から2大会連続でのベスト8進出という輝かしい戦績は、日本のサッカーファンの期待を高めるのに十分な結果でした。

1997ワールドユース選手権　日本代表戦績／ベスト8					第1戦	第2戦	第3戦	ベスト16	ベスト8
			日付		6月18日	6月20日	6月23日	6月26日	6月29日
			対戦相手		スペイン	コスタリカ	パラグアイ	オーストラリア	ガーナ
pos.	No.	選手名（所属）	出場数	得点	● 1-2	○ 6-2	△ 3-3	○ 1-0	● 1-2
GK	1	小針清允（V川崎）	1	0	○ 90				
	18	南　雄太（静岡学園高）	4	0		○ 90	○ 90	○ 90	○ 90
DF	3	西　政治（福岡）	1	0	▲ 18				
	4	戸田和幸（清水）	5	0	○ 90	○ 90	○ 90	○ 90	○ 90
	5	宮本恒靖（G大阪）	5	0	○ 90	○ 90	○ 90	○ 90	○ 90
	6	城定信次（浦和）	5	2	○ 90	○ 90 ①	○ 90 ①	○ 90	○ 90
	14	古賀正紘（名古屋）	0	0					
MF	2	御厨　景（横浜M）	2	0	▽ 72	▽ 65			
	7	明神智和（柏）	5	0	○ 90	○ 90	○ 90	○ 90	○ 90
	8	廣山　望（市原）	4	1		▲ 25	○ 90 ①	○ 90	○ 90
	12	山口　智（市原）	5	0	○ 90	○ 90	○ 90	○ 90	○ 90
	13	大野敏隆（柏）	5	2	▽ 67	○ 90 ②	○ 90	○ 90	○ 90
	16	中村俊輔（横浜M）	5	1	○ 90	○ 90 ①	○ 90	○ 90	○ 90
	17	長田道泰（V川崎）	0	0					
FW	9	福田健二（名古屋）	4	1	▲ 23	▲ 9 ①	▲ 17		▲ 45
	10	柳沢　敦（鹿島）	5	4	○ 90 ①	▽ 81	▽ 73 ①	○ 90 ①	○ 90 ①
	11	山下芳輝（福岡）	2	0	▲ 8			▲ 45	
	15	永井雄一郎（浦和）	5	1	▽ 82	○ 90 ①	○ 90	▽ 45	▽ 45

○＝フル出場、▽途中交代、▲途中出場、数字は出場時間、丸数字は得点

また、9月にはエジプトでU‐17世界選手権（現・U‐17W杯）が開催されました。愛媛県の南宇和高校で素晴らしい指導をされていた石橋智之監督が率いたU‐16日本代表には、市川大祐、吉野智行、宮原裕司など才能ある選手が揃っていましたが、前年に行なわれたアジアユース3位決定戦でバーレーンにPK負け。残念ながらアジア4位となり、本大会へ進むことはできませんでした。日本がそのピッチに立つことができなかったものの、ロナウジーニョらが活躍したブラジルが優勝したこの大会も、学びの多い大会でした。

1998年3月に作成した2冊目となる『強化指導指針 1998年版』には、この2大会を振り返ってのテクニカルレポートも掲載しました。その中身が、以下となります。

2年前に必死で作った初めての強化指導指針

強化指導指針　1998年版

◇**第1編……強化指導指針**

第1章　ユース年代強化の必要性と意義
第2章　日本サッカー協会の選手育成システム
第3章　日本サッカーの課題を指導現場から検証
第4章　テクニカルレポート
～1997年 FIFA ワールドユース選手権・
FIFA U-17 世界選手権～
第5章　日本のユース年代選手たちの課題・問題点を抽出
第6章　課題・問題点の具体化
第7章　課題克服のためのコーチング理論
第8章　発育発達に応じた一貫指導
～フィールドプレーヤー、ゴールキーパー～

である程度の骨子ができたおかげで、上田栄治さん、田嶋幸三さん、山口隆文さんたちと一緒に作った98年版は、より良いものになったと自負しています。

冒頭の第1章では、ユース年代の強化がいかに大切かを説きました。日本が世界へ飛び出し、そこで結果を残すためには選手を育てなければならない。そのような強い思いが、サッカー関係者全員に共通して芽生えていたからです。

第2章では「日本サッカーの強化、発展のため、将来日本代表選手となる優秀な素材を発掘し、よい環境、よい指導を与える」ことを目的に活動しているトレーニングセンター制度（通称トレセン）に関して触れました。テクニカルレポートから導き出された世界で通用する選手育成を目指して、日本全国各9地域による指導の実態や取り組んでいるテーマ、指導者養成事業の現状や問題点、問題解決の方法などを掘り下げました。

さらに第3章では指導現場の〝生の声〟をフィードバックすることを狙いとして、日本代表を率いてフランスW杯出場を実現した岡田武史さんを筆頭に、年代別代表を指揮した山本昌邦さん、石橋智之さんに、厳しい戦いのなかで感じたことを語っていただきました。また、ナショナルトレセンコーチからの報告を掲載することで、日本全国の育成指導の現状や問題点の把握にも努めました。

「基本的な技術の向上」＋「タフに戦い抜くための心身」

ワールドユース選手権とU‐17世界選手権、2大会を振り返ってのテクニカルレポートでは、より具体的な強化項目を掲げました。「レベルが高くなればなるほど、基本の重要性が高まり、基本の差が否応なく現われてしまう」という実感があったからです。

日本では世界大会のようにレベルが高い試合においては、基本ではなく戦略・戦術など〝それ以外の要素〟の方が重要になるという認識が強かったのですが、本当はまったく逆です。レベルが高くなり、スピードもプレッシャーも速く、厳しくなると、そのチーム、その選手の土台となる「基本」の差が顕著に現れる。言葉を変えればレベルが高くなればなるほど「基本」だけは、ごまかしが利かなくなるということです。その差を埋めない限り世界に追いつくことはできない——。2つの世界大会を通じて、改めて基本の大切さが浮き彫りになりました。

ファン・リケルメ、エステバン・カンビアッソ、パブロ・アイマールなどのタレントが組織のなかで輝いて優勝したアルゼンチン、準優勝のウルグアイ、スペインやオーストラリアが見せた素晴らしいプレーを参考に、日本の今後の課題を以下のように総括しました。

U‐17世界選手権で顕著だったのは「戦う姿勢」です。どのチームもゴールへ向かうプレーに迫力があり、誰もが積極的にボールを奪いに行く姿勢を持ち、選手一人ひとりがその場その場でしっかり戦っていました。目の前の相手に負けたくない——。そんな強い気持ちが、システムや

1997 ワールドユース選手権から見えた課題

A. 基本技術（インサイドキックなど）の精度をもうワンランク・アップ

①日本で通用していても、世界レベルでは小さなミスも通用しない。
ワンタッチでコントロールできなければ、ボールはすでに失っている。

②インサイドキックでの距離（約 10 m）および、スピードを伸ばさなければならない。

B. サポートの速さ（ボールなしの動き）

①アングル、ディスタンス、視野の確保。

②動き方……方向性、アングル、ディスタンス、方法（ターンの仕方）。

C. 判断の速さ

①視野の確保のための姿勢。
ボールを受ける前に、良い身体の向きを確保すること。
ボールを受けたときには、足元にボールを入れすぎず、ヘッドダウンしてはならない。

②ファーストタッチぎりぎりまで判断を変えられる柔軟性。

③個人個人の判断力を高める重要性
トレーニングでは、単に解決法を与えるのではなく、「考える」能力を向上させる。

D. メンタリティ

①常にいい準備をしておく。

②集中力の高いレベルでの維持。

③「戦う」姿勢
ボールへの執着心とゴールへの執着心。

E. フィジカル面でのアップ

①スピード、スピード持続力、スタミナは世界で通用するレベル。

②受け身になった場面での1対1。
ここ一番での相手の動きへの対応とボディコンタクト。

③キックのパワー。

F. ゴールキーパー

①守備範囲の拡大。

②ボディコンタクトの強さ。
フィジカル的な能力の向上と予知能力の向上で補うことが必要となる。

③バランスを崩したときの修正能力。

④フィールドプレーヤーとしての能力。
キックの距離をあと 10 m伸ばす必要がある。

1997 U-17世界選手権から見えた「日本が学ぶべき7項目」

A. 1対1の強さ

どのチームも非常に激しく、タフ。アタッキングサードで前方にスペースがある場合は、思い切った突破を試みる場面が多かった。そのようななかから攻守ともに厳しい1対1の戦いを身に付けている。

ディフェンス面では、一旦抜かれたり、かわされたりしたときでも、すぐにリカバーして、粘り強く守っている。(日本選手は一発で簡単に破られる場面が目立つように思う)

B. 攻守の切り替えの速さ

どの選手も、高い集中力で「常にゲームに参加」している。

C. シンプルな攻撃

①パススピード、②ワンタッチコントロール、③速い判断、④速いサポート、⑤ドリブル突破の5項目があるため、シンプルな攻撃が可能になっている。

D. アプローチの速さ

アグレッシブなディフェンスを意識している。したがって、かわされるリスクは高くなるが、その中からチャレンジとカバーを身につけていこうとしている。

E. スライディングタックルの技術

中盤でもスライディングタックルを多用する。インターセプトを狙うなどボールに対して厳しいプレッシャーをかけている。ボールを奪うことに対する執着心が相当強い。

スライディングをかわされてもすぐに起き上がってディフェンスに入り、数的優位の状況を作り出す。「スライディングは最終手段」という概念が変化してきている。

F. オフ・ザ・ボールの動き

ゴールあるいは有効な攻撃は、「ボールなしの動き」が重要。とくにブラジルのファビオの動きなどは、「ボールなしでの視野と視野との戦い」が強く感じられた。動きながらの視野の確保、そのためのステップワークを学ぶ必要がある。

G. ゴールキーパーのレベル

ドイツ、スペインをはじめ、オマーン、マリ、ガーナなどもGKのレベルが高かった。

①反応に加え、ハイボールに対する安定感。

②ポジショニングおよび読みの良さ。

③フィールドプレーヤーとしての要素

(味方からのパスに対する落ち着いた処理や精度の高いキックなど)

チーム戦術とは別次元の、サッカーをするうえでのベースにあると感じられたのです。

そのあたりを踏まえて、日本が学ぶべき7項目を記しました。

2つの世界大会を振り返って強く感じたことは、世界と日本との差は、高度な戦術、スーパーテクニック、日本人に真似できないことではなく、それぞれの状況に応じた速い判断と、それを実践するためのシンプルかつ正確な技術であるということでした。

サッカーの基本をおろそかにせず、心身ともにタフに戦うことで初めて世界に追いつける。それは、20年が経った現在も変わらない真実ではないでしょうか。

【1998W杯フランス大会】

初出場の狂乱

1998年6月、日本は悲願のワールドカップの舞台に立ちました。加茂周さんからバトンを受け継いだ岡田武史監督が率いたチームでコーチを務めた私は、多くのことを学びました。

日本にとって初めてのワールドカップとあって、異常な盛り上がりがありました。

私自身も、ワールドカップは雲の上の存在で、出場することをイメージするのも難しいという思いがありました。しかし、予選敗退が続いた苦難の歴史を乗り越え、1993年のアジア最終予選で、あと少しでワールドカップの舞台に立てるところまできました。

〝ドーハの悲劇〟は、私にとっても強烈な体験でした。

イラクとの最終戦……。残り15秒、いや、10秒の場面で与えたCK。あのショートコーナーをしのげずに、つかみかけていたアメリカW杯の出場権がスルリと零れ落ちました。あの瞬間、日本全体にワールドカップというものが認識されたような気がします。

あのイラク戦。解説をしていたのが田嶋幸三さんと岡田武史さんでした。

試合後、アナウンサーから「よくやりましたね。日本は」と話を振られた岡田さんが、言葉に詰まって答えられなかった姿は、強く印象に残っています。

また、田嶋さんが何とか絞り出した「サッカーですね……、これが」という言葉も、ワールドカップへ向けて血のにじむような努力をしてきた関係者の気持ちを表わしていたと思います。

田嶋さんの言葉を聞いて少し落ち着いた様子の岡田さんは、こう言いました。

「アジアでは、10回戦えば5回は勝てるチームになった。僕たちの頃は3回しか勝てなかった。いまようやく同じレベルに、初めて同じレベルになった。いきなり出ようっていうのは甘いよ、ワールドカップはそんな簡単なもんじゃないよ……、と言われている気がしました。5回勝てるところまで来たのは確か。最後の最後で運をつかむことができなかった。

我々は、次に向かってやっていかなきゃいけない。また、3回の世界に落としちゃいけない。

サポーター、ファンの皆さんを含めて、これを続けないと。きっとワールドカップというものは、日本に力がなかったわけじゃない、イラクが上だったわけじゃない、ワールドカップに出たことのあるチーム、出たことのないチームの、これが『差』なんだと思います。次はきっと、きっと出られるように……」

その5年後、テレビの向こう側でそう言っていた岡田さんが監督を務め、初めてワールドカップのピッチに立った。それは、日本サッカーが階段を一段登ったことを証明しています。

Jリーグが誕生し、〝ドーハの悲劇〟があり、サッカー熱の高まりのなかで迎えたフランスW杯、その4年後の自国開催のワールドカップまでの流れは、日本サッカーのひとつの絶頂期だったのではないでしょうか。

思い返せば、1997年11月16日にジョホールバルでイランを破り、ワールドカップの出場権を獲得したときから熱狂は始まっていました。

大変ありがたいことではあったのですが、サッカーにそこまで詳しくない人たちも過熱して、異様な空気に包まれていました。メディアの方も、それまで長くサッカーを取材されてこられた方々が隅に追いやられ、ワイドショー的な方、週刊誌的な方が急激に増えたように思えました。

トレーニング後の囲み取材の際も、サッカーに関する話題ではなく、まったく違う角度からの質問がぶつけられるようにもなったので、そうしたなかでも選手たちをどうやってワールドカップに集中させていくのかを考えていく必要がありました。

インタビューを受けていても、質問に答えている私たちよりも、インタビューしているタレントさんやレポーターの方にカメラが向いている、なんてこともありました。

岡田さんは、そのような状況を漠然と予測していたのでしょうか、できる限りサッカーに集中できる環境を考えていました。

1997年の暮れには、紅白歌合戦の審査員の話を打診されていました。大変名誉なことで、長く日の目を見なかったサッカー界にとってものすごくありがたいことではありましたが、断りを入れました。自分がワールドカップに向けて集中しているところを見せたかったのでしょう。監督が表舞台を好むと、選手たちが置き去りにされるケースが目立ちます。そうした事態だけは絶対に避けたかったのだと思います。

結局、キャプテンの井原（正巳）に審査員を務めてもらい、その時点ではあまりサッカーに興味を持っていなかった人たちも惹きつけてくれ、ワールドカップへの期待も高めてくれたと思います。

このように監督は、自身の言動が選手たちにどう響くかを考えています。いや、試合後の記者会見や新聞や雑誌のインタビューでも、本音をそのまま言葉にする監督は少ないと思います。自分の発言が回り回って選手の耳に入ったとき、どのような影響を生むことになるか。それだけを考えていると言った方がいいかもしれません。例えばミスなどをして攻撃されそうな選手がいれば、事前にひとこと言って守ってあげたり、出番がなかった選手には次の戦いに向かっていけるようにポジティブな発言をする。自身の言動を間接的に見た選手たちに、何かを感じてほしい。そう思っているのです。

例えば、素晴らしい内容で試合に勝ったあとなどには、

「今日の相手は、普通にやって勝てる相手じゃなかった。今日の勝利は、3日前にサブの連中がものすごい勢いでレギュラー組に刺激を与えてくれたから、手にすることができた。あの練習があったからこそ、11人が最後まで戦い抜くことができた」

そのようなコメントを残して、選手全員のモチベーションを維持させていくのです。

ベテランの経験か？　若手の育成か？

ただ団体競技において、すべての選手を満足させるのは至難の業です。不可能と言ってもいいかもしれません。

世界中のどこでも、代表だろうがクラブだろうが、ほとんどの場合、選手にとっていい監督というのは、自分を試合に使ってくれる監督のことです。試合に絡んでいる人へのインタビューと、絡んでいない人へのインタビューでは監督の評価が違ってくる。それは、当たり前のことです。

だからこそ監督は、すべての選手に気を配る必要がある。

「全員を試合に出すことはできない。だけど、全員の力を伸ばすことはできる。だから、どうか信じてついてきてほしい」

そんな言葉をかけながら、チーム全体をマネジメントしないといけません。

若い選手を思いきって抜擢する。その際にも様々なマネジメントが必要とされます。多くの方はその若い選手が活躍するかどうかに目が行くと思いますが、本当のマネジメントの難しさは、実はその選手の抜擢によって押し出された選手の方なのです。とくに、それが実績のあるベテラン選手の場合はなおさらです。そのような選手は、往々にして地元の社会やメディアの方々とも深く結びついています。長い選手生活のなかで、親しい記者ができるのは当然。記者の方も、ネタになる選手とは関係を築いておく必要があるから当たり前のことです。

そのあたりも踏まえてマネジメントすることと、ときとしてそれを怖れず決断をしていく勇気と、そのバランスを考えていく必要があるのです。

ベテランをリスペクトしながら、若い選手に活躍の場を与えていかないとクラブの将来はない。そのバランスを、絶えず意識しながらチーム作り、選手育成を考えていく必要があるのです。

チーム全体のモチベーションをいかに維持するか

「監督は、しょせん難破船の船長だ」

これは、岡田さんがよく使う言葉です。

救命ボートには11人しか乗れない。みんなを助けてあげたいが、心を鬼にして、11人乗りのボートに乗る人間を決めなければならない。「みんな頑張っているから13人乗ってしまおう」、となるとボートは転覆して助けられるはずの命をも奪ってしまう……。だから監督は、非情に思われようが決断をしなければならない。逆に言えば、だからこそ常日頃からチーム全員に目を向けておく必要があるんだと。

11人だけを大切にしていてはチームがひとつになりません。

試合に出られない選手たちにも目を配る必要があります。選手たちは選手たちで、監督に見てもらえていると実感するだけで頑張れます。

代表監督となればなおさら、多くの選手を気に掛ける必要があります。

現在、日本代表を率いている森保一監督も、Jリーグの現場に足しげく通っています。全部の試合を見なくても選手のことはわかっているだろうし、その特徴は頭に入っていると思いますが、それでも現場に足を運んでいるのです。

前回、代表から外した選手の試合を見に行って、「君を見ているよ」というメッセージを送る。そして、それは国内にとどまりません。先日も森保監督、関塚委員長らとともにヨーロッパのクラブを回ってきました。クラブと2019年に行われるアジアカップやコパ・アメリカの招集に関しての話をしていくなか、森保監督はとくに招集できなかった選手たちとしっかり話をしていたのが印象的でした。

西ドイツ代表を率いて1974年のワールドカップで優勝したヘルムート・シェーンは、こう言っていました。「私は11人の選手を選び、あとはリザーブでも耐えうる選手でチームを構成する」

もちろんこれはある種の比喩ですが、それくらい、試合に出ていない選手のモチベーションをどう維持するかは、大切な要素なのです。そこが、指揮官の腕の見せ所のひとつと言ってもいいでしょう。

スコア以上に感じた〝歴史の差〟

1998年、日本代表にとって初めてのワールドカップは3戦全敗という結果に終わりました。初戦でアルゼンチンに0-1、続くクロアチア戦も0-1、グループリーグ敗退が決まり迎えた最終のジャマイカ戦では、中山雅史がワールドカップ初得点を決めたものの1-2の惜敗。1勝もあげられずにフランスを去ることになりました。

しかし、選手たちは本当に頑張りました。敗れた直後はあまりにもショックが大きく、映像を見返すことができませんでしたが、少し時間が経ってから大会を振り返ると、アルゼンチン相手に何度かチャンスを作りましたし、完全に崩された場面もそう多くなかったと思います。

この大会で最終的に3位に輝いたクロアチアとの一戦は、日本の方が主導権を握っていました。すべて1点差での敗戦……。そこまでの差はありませんでした。

しかし、それでも勝てないのがワールドカップなのです。

いい試合はできたものの、勝利には届かなかった。

アルゼンチンにはガブリエル・バティストゥータがいて、クロアチアにはダボル・スーケルがいました。両チームはエースと言われた彼らが、拮抗したなかでもきっちりと一発を決めて勝利をつかみました。ワールドカップにおける国としての経験値が我々との差だったのかもしれません。

日本は〝ドーハの悲劇〟を経験して初めてワールドカップの舞台に立ちました。しかし、強豪が集う南米予選や欧州予選を勝ち抜いてきたアルゼンチンやクロアチアは、同じような悔しさ、同じような経験を何度も何度もしてきています。彼らは、そうした歴史を積み重ねて、何度目かのワールドカップを戦っていました。その差が試合結果に表われたように感じました。

ワールドカップは、初出場ですぐに勝てるほど甘くはない。「お前たちはまだ早い」と言われたような気がしました。おそらく、岡田さんも同じ気持ちだったと思います。

ワールドカップは1試合＝90分の戦いではなく、その国全体の長年の積み重ねが反映されます。大会自体は1カ月ですが、そこに至る10年、20年が映し出される。お前たちはどれだけの努力をしてきたのか。それを試される90分なのです。

3戦全敗に終わった初めてのワールドカップで、そのことを痛感しました。あの舞台で勝利を手にするためには、10年後、20年後を見据えて、地道に日々の努力を積み重ねるしかないと思ったのです。

世界トップクラスの選手たちと対峙

初戦の相手アルゼンチンは、ものすごいメンバーでした。

布陣は3-4-3。ロベルト・アジャラ、ネストル・センシーニ、マティアス・アルメイダ、ディエゴ・シメオネ、ハビエル・サネッティ、フアン・セバスチャン・ベロン、バティストゥータ、アリエル・オルテガ、クラウディオ・ロペス……。ベンチにもクレスポ、アベル・バルボ、マルセロ・ガジャルドなど、世界的な名手がズラリと並んでいました。

一番やっかいだったのがベロンとC・ロペスのホットラインです。当時、世間的にはエースのバティストゥータをいかに抑えるかという話題が先行していましたが、彼だけに注意しているとC・ロペスにやられてしまう。

アルゼンチンの左サイドでシメオネが存在感を見せるなか、ベロンが1本のパスをスピードのあるC・ロペスに通してチャンスを作る。C・ロペスはオフ・ザ・ボールの動きが素晴らしく、南米予選を振り返ると、苦しい試合のなかでも決定的な仕事をしてきたのがこのコンビでした。

中盤の底で攻守をつないでいたアルメイダは、「7つの肺を持つ男」の異名どおり、圧倒的な運動量を誇っていました。縦横無尽に走るだけでなく、正確なパスで攻撃を組み立てる。当時は守備的MFがそこまで注目されない時代でしたが、アルメイダがいまの時代にいたら、世界的にかなり脚光を浴びていたのではないでしょうか。

フルメンバーのアルゼンチンに対して、日本は善戦しました。

0-1で迎えた後半、右サイドの中西（永輔）がシメオネとアルメイダの間をドリブル突破し、冷静なクロスを呂比須ワグナーがシュートした場面は最大のチャンス。途中出場していたホセ・

チャモの足に当たっていなかったら……、同点ゴールが生まれていたかもしれません。

2戦目のクロアチアも、アルゼンチンに劣らないメンバーを揃えていました。

スラベン・ビリッチ、ズボニミール・ソルド、ロベルト・ヤルニ、アリョーシャ・アサノビッチ、ロベルト・プロシネツキ、マリオ・スタニッチ、スーケル……。

セリエAのラツィオで活躍していたアレン・ボクシッチが怪我で外れていて、ズボニミール・ボバンがベンチでしたが、それでも隙のないメンバー構成でした。

190センチ近い身長を誇りながら超一流のテクニックも兼ね備えたアサノビッチは、そのなかでもまさにワールドクラスの選手といったプレーを見せ、抑えるのに手こずりました。ヤルニのドリブルは危険で、スーケルの相棒を務めたスタニッチも想像以上に上手かったことも鮮明に覚えています。

前半、右サイドをドリブルで持ち上がった中田英寿から絶妙なパスが中山雅史に渡り、完璧なトラップから右足で放たれたシュートは、GKドラゼン・ラディッチに阻まれました。

中山の腿トラップは非の打ちどころがありませんでした。難しいボールのスピードを抑えて、シュートを打てる位置にピタリとボールを置きました。

本人は試合後、照れもあってか、トラップが上手くいきすぎて「少し焦っちゃったんですよね」と言っていました。いつもの中山だったら少々トラップがそれて、それでも粘ってスライディングしながら決めるといった場面だったと思います。他の選手では無理な体勢でも、あるいはその方がシュートを決められる、それがゴンの持ち味です。

それが、あのシーンでは自分でも驚くほど完璧なトラップ。パスを出したヒデ（中田英寿）も、「ゴンさんが、あんな綺麗なトラップをするとは……」と、ビックリしていました。

ジャマイカ戦の悔恨

格上のアルゼンチン、クロアチアを相手に善戦した1戦目、2戦目と比べて、グループリーグ最終のジャマイカ戦は悔いが残ります。

同じく初出場のジャマイカは、負ける要素の少ない相手でした。しかし、結果は1－2……。監督としては、マネジメントが難しい試合だったと思います。

アルゼンチン、クロアチア、ジャマイカという試合の順番も、微妙に影響していたかもしれません。

ワールドカップ出場が決まってから岡田さんは、非常に強い決意を胸にしていました。

初出場に沸くなか、「とにかく勝点1でも持ち帰ろうとか、そこそこ頑張ればいいなんて思っていたら勝てるわけがない。絶対にベスト16に進出するんだという強い気持ちに持っていかなくてはならない」と、言い続けていました。

そして選手たちは、それに向かって全力で戦ってくれたと思っています。そんななかで2連敗を喫して、決勝トーナメント進出の可能性が消滅しました……。強い気持ちで臨んだだけに、目標が崩れ去ったときの選手たちの落胆もそれだけ大きかったと思います。

それでも残り1戦に向けて下を向かず、選手たちのリバウンドメンタリティに火をつける。コーチである私に、もっとその力があれば……と悔いの残るところです。

本当に難しいところで、初のワールドカップ、とにかく勝点1でも1勝でも持ち帰ろう、と望んでいたら2戦終了時の落胆はなかったと思います。しかし、逆に1戦目、2戦目であそこまで気持ちの入った素晴らしい試合はできなかったような気がします。絶対に勝つ、決勝トーナメントに上がるという気持ちで臨んだからこそ、あの2チームを相手に互角の戦いを見せられた。

勝負事に「もし」がないことはわかっていますが、ジャマイカ戦が1戦目か2戦目だったら、あの大会の結果は違っていたかもしれません。

それでも、ジャマイカ戦でゴンが1点を取ってくれたのは、次につながるプラス材料でした。無得点で帰ってくるのと、爪痕を残して帰ってくるのとでは違います。あの1点が、かろうじて次の大会の踏み台になったと信じています。


チーム敗退後は、日本サッカー協会として初めて組織することになるテクニカルスタディグループのダイレクターとして決勝まで残って大会を分析、テクニカルレポート作成に携わることになりました。小冊子形式のレポートとそれとタイアップする形でのビデオをセットにしたテクニカルレポートは、このときから始められたものです。

『FIFAワールドカップ　フランス98　テクニカルレポート』の目次は以下のとおりです。

第1章では、どのような流れで日本代表が初出場を遂げたのか、ワールドカップに至るまでの日本サッカーの取り組みを記しました。

ワールドカップはミスが許されない大会であること。結果に一喜一憂するのではなく、世界のトップクラスを目指すには継続的な強化が必要で、そのためにテクニカルレポートがあることを再確認しました。

また、フランスW杯を科学的かつ客観的に分析するため、1998年3月に日本サッカー協会（JFA）強化委員会内部に編成した、「テクニカルスタディグループ」の紹介も掲載しました。

FIFAワールドカップ　フランス98　テクニカルレポート
◇第１章　日本サッカーとＦＩＦＡワールドカップ
１．世界を目指す日本サッカー
２．テクニカルスタディグループ
◇第２章　サッカーの歴史におけるＦＲＡＮＣＥ 98
１．世界のサッカーの趨勢
２．ＦＩＦＡワールドカップ　フランス大会
◇第３章　チーム分析　Team Analysis
１．参加 32 カ国の分析
２．システムとチームコンセプト
３．特色あるチームの分析
４．チームのバックグラウンド
◇第４章　日本代表の戦い
１．日本代表チーム総括
２．日本代表チーム評価・分析
◇第５章　テクニカル・アスペクト　Technical Aspects
◇第６章　データ編

1998W杯フランス大会　日本代表戦績／グループリーグ敗退

pos.	No.	選手名（所属）	出場数	得点	第１戦	第２戦	第３戦
			日付		6月14日	6月20日	6月26日
			対戦相手		アルゼンチン	クロアチア	ジャマイカ
					● 0-1	● 0-1	● 1-2
GK	1	小島伸幸（平塚）	0	0			
	20	川口能活（横浜M）	3	0	○ 90	○ 90	○ 90
	21	楢﨑正剛（横浜F）	0	0			
DF	2	名良橋晃（鹿島）	3	0	○ 90	▽ 79	○ 90
	3	相馬直樹（鹿島）	3	0	▽ 84	○ 90	○ 90
	4	井原正巳（横浜M）	3	0	○ 90	○ 90	○ 90
	5	小村徳男（横浜M）	1	0			▽ 58
	13	服部年宏（磐田）	0	0			
	16	斉藤俊秀（清水）	0	0			
	17	秋田　豊（鹿島）	3	0	○ 90	○ 90	○ 90
	19	中西永輔（市原）	2	0	○ 90	○ 90	
MF	6	山口素弘（横浜F）	3	0	○ 90	○ 90	○ 90
	7	伊東輝悦（清水）	0	0			
	8	中田英寿（平塚）	3	0	○ 90	○ 90	○ 90
	10	名波　浩（磐田）	3	0	○ 90	▽ 84	▽ 78
	11	小野伸二（浦和）	1	0			▲ 12
	15	森島寛晃（C大阪）	1	0		▲ 11	
	22	平野　孝（名古屋）	2	0	▲ 6		▲ 32
	9	中山雅史（磐田）	3	1	▽ 65	▽ 61	○ 90 ①
	12	呂比須ワグナー（平塚）	3	0	▲ 25	▲ 6	▲ 32
FW	14	岡野雅行（浦和）	1	0		▲ 29	
	18	城　彰二（横浜M）	3	0	○ 90	○ 90	▽ 58

○＝フル出場、▽途中交代、▲途中出場、数字は出場時間、丸数字は得点

1998W杯フランス大会　JFAテクニカルスタディグループ	
ダイレクター	小野　剛（ナショナルコーチングスタッフ）
アシスタントダイレクター	上田　栄治（強化委員会委員）
アシスタントダイレクター	田嶋　幸三（指導委員会委員）
メンバー	大仁　邦彌（強化委員会委員長）
	岡田　武史（ナショナルコーチングスタッフ）
	今西　和男（強化委員会委員）
	西村　昭宏（強化委員会委員）
	山口　隆文（指導委員会委員）
	影山　雅永（日本代表テクニカルスタッフ）
	四方田修平（日本代表テクニカルスタッフ）
	田中　和久（科学研究委員会委員）

第2章では、まず世界のサッカーの流れを明らかにしました。

1974年の西ドイツW杯を境に、サッカーの質は大きく変わりました。70年のメキシコW杯で3度目の優勝を成し遂げたブラジルは、ペレ、ジャイルジーニョ、リベリーノなど、個人技に優れた選手たちが躍動するチームでした。

華麗なフェイント、狙い澄ましたFK、虚をつくヒールパスで世界のファンを魅了しました。言い方を換えれば、あの時代は選手一人ひとりが個人技を披露するのに十分なスペースと時間があったのです。

そうした流れが変わったのが、74年の西ドイツW杯です。

「個人の能力によるサッカー」「自分たちの良さを出すサッカー」といった常識を覆した

のが、オランダの「トータルフットボール」です。

それまでは、ポジションごとのスペシャリストがチームを構成していました。例えば、ＤＦは身体を張ったディフェンスに専念し、ウイングはスピードに乗ったドリブルとフェイントで好機を演出し、それに応えるのが最前線に構えるストライカーといった具合です。

ところが、オランダはポジションに関係なく、全選手が積極的にゴールへ飛び出していく形を披露しました。一人ひとりがオールラウンドプレーヤーとなって、攻守のバランスを取りながらチームを構成していたのです。またディフェンス面でも、ひとつのボールに対して２人、３人、４人と束になって奪いに行く「ボール狩り」と呼ばれたスタイルは、華麗な攻撃で前大会を制したブラジルをも沈黙させ、攻守両面にわたり世界を揺るがす革新的なフットボールでした。

さらに時代が流れ、トータルフットボールは進化しました。スペースと時間はなくなり、個人の良さを組織で打ち消すのが当たり前となりました。その結果、チームディシプリン（規律）の重要性が増し、選手たちにはチームにおける役割を果たしたうえで、それぞれのスペシャリティを発揮することが求められるようになっています。

現代サッカーでは、狭いフィールドのなかで攻守が目まぐるしく入れ替わります。選手たちは短い時間、狭いスペースでプレーしなければならない。攻撃では速い判断、プレッシャー下でのコントロール、正確かつ多彩なキック、技術を発揮するためのスピードが重要です。守備では、正しいポジショニングやカバーリング、厳しいアプローチ、スライディングのテクニックなど、こちらも必要な要素が劇的に増えました。

98年のフランスW杯は、そうした流れのなかで開催されたのです。

出場32チームすべてを分析

第3章では、参加32チームを分析しました。

22名の登録メンバー、基本システムと選手の動きに加え、チームの特徴などを明記しました。

優勝したフランスの分析は、次のとおりです。

○フランス［グループC］

開催国としてのプライドと、前々回、前回不参加の屈辱を胸に参加したフランスは、初優勝という栄誉を手にしてこの大会を終えた。

システムは4・4・2で守備の意識が全員高く、相手のボールを奪って効果的な攻撃につなげるという、システムのなかで選手の特徴がよく出る戦い方である。とくに守備はコンパクトで、DF4人（リリアン・テュラム、ローラン・ブラン、マルセル・デサイー、ビセンテ・リザラズ）は守備能力も高く、ボランチの2人（ディディエ・デシャン、エマニュエル・プティ）も非常にバランスがよく、ポゼッションの意識が高い。攻撃の中心はジネディーヌ・ジダンで常に良い視野の確保を意識して、クリエイティブなプレーを行なう。彼から出されるボールに対して、質の高い動きでゴールを脅かすストライカーの不在が唯一の弱点と言える。

　さらにこのチームは相手をよく研究している。基本のシステムは変えずとも、相手によって戦い方を微妙に変え、決勝戦では相手の弱いところを巧みに突いていたのが印象的だった。


　大別すると4－4－2と3－5－2の2つに分類されたシステムに関しては、それぞれの特徴、コンセプトなどを明記しました。

　また、特色あるチームとして、優勝したフランス、GKエドウィン・ファンデルサール、DFフランク・デブール、MFエドガー・ダービッツ、FWデニス・ベルカンプらを擁したオランダ、GKホセ・ルイス・チラベルト以外は有名選手がいないながらも、規律のある強固な守備とシンプルな攻撃でグループリーグを突破したパラグアイ、フランスにPK負けを喫したイタリア、初出場で3位に食い込んだクロアチアを取り上げました。

「選手たちはチーム戦術を理解してよく戦ってくれた」

　第4章では、日本代表の戦いぶりを総括しました。

　岡田武史監督が、チーム作りのコンセプト、本大会までの流れ、アルゼンチン、クロアチア、ジャマイカとの3試合の振り返り、初出場のワールドカップを終えての所感を残しています。

「自分たちのサッカーに重点を置きすぎると、『日本もなかなかやる』という程度まではやれるだろうが、速攻や一本のパスでピンチを作られ、3～4点取られて負けることが予想された」

「相手国の分析が進むにつれ、4バックでは苦しいと感じるようになってきた。4バックで最終ラインを安定させるには、どうしてもストッパーもできるボランチ、ボランチもできるリベロやストッパーが必要だった」

「4バックから3バックへの変更は、チームがガタガタになってしまう危険性をはらんでいた。したがって、戦術面の変更を伝える最初のミーティングは大きな勝負どころであった」

「いくつかの反省材料はあるが、FIFAワールドカップ3試合での戦いは、満足できるレベルであった。選手たちは相手の良さを消しながらも、しかも自分たちの持ち味を出し、チーム戦術を理解してよく戦ってくれた。結果が出せなかったことに関しては、責任を感じている」

というような記述に、当時の監督の苦悩が表われています。

そして、フランスW杯における日本代表の成果と課題を次のようにまとめました（129・130ページ）。

各国のさまざまなデータを緻密に解析

第5章のテクニカル・アスペクトでは、フランスW杯で見ることができた各国の素晴らしいプレーを取り上げ、そのポイントを解析しました。

FIFAワールドカップ　フランス98　日本代表の成果と課題

≪成果≫

○パススピードの改善

長い間、日本サッカーの課題といわれたパススピードについては、飛躍的に向上した。

世界のトップレベルが相手でもゲームを組み立てられるようになった。

しかし、ワンフンクァッノが必要で、パスの距離・正確性については改善の余地がある。

○中盤の構成力

クリエイティブで、速い判断ができる選手の出現によって局面の打開を図れるようになり、攻守両面の安定化を図ることができた。

○ディフェンスへの意識

すべての選手たちのディフェンスの意識が高まり、個人の力ではなく、全体をコンパクトに保ち、各局面で数的優位を作り出す「集団」での守備ができるようになった。

○ゴール前での守備

改善の余地はあるものの、ゴール前での脆さが消え、厳しいマーキングで失点を防ぐことができるようになった。

○フェアプレー

他の国に比べて警告カード（退場者なし）を出される回数が少なく、フェアプレーができたと思う。今後も続けていく必要がある。

○コンディショニング

長期間（約1カ月）にわたるキャンプ、大会であったが、大きな怪我人もなく、暑さとの戦いを感じさせないほど良いコンディションを維持することができた。

○スカウティング

アルゼンチンの得点源となっていたMFベロンからFWのC・ロペスに渡るパスを寸断できたなど、チームスタッフのスカウティング活動も大きな成果があった。

《課題》

○ダイレクトプレー

常にゴールを意識して、シンプルに相手の守備ラインを崩し、ゴールに結びつけるプレー、相手の一瞬の隙を突くようなプレーが課題。

ボール保持者の視野の広さ、受け手（とくに前線）の動きの質のより一層の改善が必要。

○パスの質

時間と人をかけずに相手の最終ラインを突破するためには、中・長距離パスの改善が必要。キックの種類、パスの距離、正確性、タイミングの改善が求められる。

○攻守両面における1対1の強化

守備――1対1の場面では劣勢に回る場面が多かった。相手に前を向かれると脆さが出た。

攻撃――個々の突破力が低いため、人数をかけたパスによる展開が多く、インターセプト、ミスなどから逆襲によりピンチを招くことが多い。

○フィニッシュ

狙い・パワー・スピード・精度、すべての面において改善が必要。日本全体の大きな課題。

○フィジカル

1対1の守備時におけるアジリティの強化が必要。

○コーチング

ゲーム中の選手間のコミュニケーションを活発にしていく必要がある。

○GKの強化

1対1の強さ、守備範囲、キックなど、さらなるレベルアップが求められる。

○ポジション別

ストッパー……相手アタッカーのスピードについていけるだけの守備能力と1対1の強さ。

ストライカー……最終ラインを突破するための、判断、スピード、正確な技術など。

ボランチ……力強い守備、読みの良さ、大きな展開ができる視野の広さ。

アウトサイド……突破力、正確なクロス、運動量。

GK……キック、広い守備範囲、フィジカル。

・イタリアのダイレクトプレー
・オランダのロングパス
・ブラジルのクロス
・クロアチアのオフ・ザ・ボールの動き
・アルゼンチンのファーストタッチ
・フランスのクリエイティブなプレー

などを、ベンチマークすべきポイントが多い教材として明記し、ビデオを観ることでその詳細がわかるように構成していきました。

最後の第6章では、テクニカルスタディグループが調査した、様々なデータを紹介しました。ゴールが生まれた時間帯、各国の総シュート数、決定率、1試合あたりのシュート数、さらにはゴールまでにかかった時間、攻撃スピード、パスの数などを表やグラフを使ってわかりやすく掲載しました。

『三位一体の強化策』を可能にしたテクニカルレポート

『FIFAワールドカップ　フランス98　テクニカルレポート』は、指導者ライセンス取得者に配布したり、カンファレンスでビデオと併せて配ったりしました。

反応は上々でした。当時はVHSの時代でしたが、映像には文字だけでは伝わらない説得力が間違いなくありました。岡田さんの言葉に多くの人々が「おぉ」と食いついてくれました。エアロビクスセンターを借りて、テクニカルスタディグループのメンバーみんなで3、4泊泊まり込んで作った甲斐がありました。

そもそも、これらのことは試合に勝つことを目的に、相手チームを分析したところから始まりました。例えば、クロアチアのエース、スーケルのオフ・ザ・ボールの動きは、彼を抑えるために集めたものです。彼の特徴的な動きを見せて、この動きに気をつけないといけないと指示しました。言葉だけでは、具体的なイメージが沸かないからです。

スーケルが得点を奪う秘訣は、このオフ・ザ・ボールの動きにありました。

彼はゴール前で相手DFがボールと自分を同一視野に捉えられない位置に、スッとポジションを移していました。視野と視野の駆け引きが、抜群に上手かったのです。もちろん、シュートの精度も高いのですが、ボールを持ったときのスーケルを見ても、そのすごさがわからない。彼の本当のすごさ、神髄はオフ・ザ・ボールの動きにこそあったのです。

ワールドカップ後、そのビデオはもっと幅広く使えるのではないか、と思いつきました。

「これは、次世代のストライカーを育てるための最高のツールじゃないか!」

このビデオを使えば、どのようにオフ・ザ・ボールの動きを工夫すればいいか、一目瞭然です。指導者を育てる教材にもなるし、指導者にとってはサッカー理解も深まるし、このビデオを見せながら選手を育てることもできる――。そのことに気づいたのです。

日本代表、指導者養成、選手育成。

この3つが、すべてつながっていることを思い知ったのです。そうして協会に提案させてもらって生まれたのが、現在につながることになるレポート『三位一体の強化策』です。

代表強化、ユース育成、指導者養成、それぞれ頑張って日本のサッカーを支えていましたが、残念ながら互いにリンクしているというわけではありませんでした。

日本代表の強化は日本代表に限ったレベルでとどまり、ひとつの代表が大会を終えれば、次の代表に引き継がれないことも多々ありました。指導者養成は大学の先生方が中心となって、学術的な講義を軸としながら頑張ってくれていました。そして、選手育成に関しては学校の先生方がその核を成してくれていました。徐々にクラブの指導者も増えてはいましたが、まだまだ中学校、高校の先生方が、ほぼボランティアに近い形で凄まじいエネルギーを持って頑張っていました。

その3つが、残念ながらリンクしていなかった……。

しかし、そこを結びつけたのがテクニカルレポートです。

日本代表が世界と闘うなかで得られた課題を共有し、指導者養成の現場に落とし込み、その方法論を持って次世代の選手を指導する。

世界と戦い、それを肌で感じることができるのはほんの一握りの選手、スタッフかもしれません。しかし、それをあたかも自分が経験したかのように感じることができれば。三者にはそれぞれものすごいエネルギーを持った方たちがいたので、相乗効果が生まれ、大きなうねりとなって日本サッカー全体を強化できる──。そんな確信が芽生えました。

テクニカルレポートは、1998年のフランスW杯以降、そうやってサッカー界全体で共有されるようになったのです。

育成年代のゲーム環境を変革

フランスW杯のあと、私はJFAユースダイレクターとなりました。そこでは、日本代表で学んだことを現場に落とし込む作業に力を注ぎました。

例えば、パススピードやファーストタッチの重要性は以前から話していましたが、日本代表のコーチとしてワールドカップに参加し、そこで実感したこととして話すと説得力が上がりました。

それまで、選手としての実績がない私に対する視線は、往々にして厳しいものでした。

単なる小野剛として言葉を発しても、話を聞いてくれる人は少なかったのです。

「そうは言うけど、ワールドカップは別の世界だろう……」

そんな反応が大半でした。

ところが、ワールドカップ後は違いました。誰もが、あのピッチを体験したコーチの話として、耳を傾けてくれるようになりました。話す内容が同じでも、話す人の背後にあるものが説得力を変えてくれるのです。

「ワールドカップでは、ベースの部分のごまかしがきかない」

自信を持って、そう言い切れるようになりました。指導者養成の現場でも、なぜグラウンダーの強いパスが必要なのか。なぜパススピードを上げないといけないのか。自分の経験に基づいて語れるようになりました。

とはいえ、世界のトップレベルで感じたことを育成年代の現場に落とし込む作業は、それほど簡単なことではありませんでした。

どのチームも、コンパクトな陣形のなかで組織的な守備を駆使する現代サッカーにおいては、時間的な余裕がなく、狭いスペースでのプレーを強いられます。そうしたなかで求められるのがパススピードです。遅いパスがつながるほど、世界は甘くありません。

しかし、パススピードを上げるという強化ポイントひとつをとってみても、現場ではなかなか浸透していきませんでした。
①パススピードを上げたい。
②プレッシャーが厳しくなれば、自然とパススピードは上がるはず。
③そのためには前線から素早いアプローチを心掛け、相手に圧力をかける必要がある。
そうした流れで指導者の意識を変えようと努めましたが、こう反論されました。

「小野さんの言っていることはわかります。だけど、前からボールを取りに行かせたところで、下がって守って、前にいる大きな選手を目がけて大きく蹴ってくるチームにはリスクが大き過ぎます……。そこで負けたら、子どもたちのサッカーは終わっちゃうんです。もっとボールを奪いに行かせたいのはやまやまですが、選手たちのことを考えるとできないんです」

当時は小学生から高校生まで、育成年代の大会はほとんどノックアウト方式でした。つまり、1回負ければ終わりです。強い精神力を養うなど、一発勝負には一発勝負の良さがあります。しかし、理想のために勝敗を度外視することはできません。子どもたちへの愛情がある指導者ほど、そんなジレンマを抱えていました。

大会のシステムそのものを変えないと始まらない――。

そのことに気づきました。たとえ1回負けても次がある大会を作らない限り、リスクを排除した戦いが多くなってしまうのも仕方がありません。

「ムリに攻撃参加するな！」

「つなごうとしないで前へ蹴っておけ！」

そうした言葉は、子どもたちに1試合でも多く経験をさせたいがための指示なのです。念仏のように理想を唱えるだけでは、物事は変わらない。

そうした発想から生まれたのが、リーグ戦形式の大会です。

1997年、当時の習志野高校の本田裕一郎監督、市立船橋高校の布啓一郎監督、暁星高校の林義規監督たちが中心となって立ち上げた「関東スーパーリーグ」のような大会が、日本各地で徐々に増え、関西では上間政彦先生を中心に高体連とクラブとが一緒になった初のリーグの試みが生まれるという新しいムーブメントが起こっていました。

林義規先生がリーグ戦のメリットとして整理してくれたのが以下の3つの要素です。これは、育成年代の現場にあった問題点を解決するだけでなく、選手の成長を助ける鍵とも言えるものでした。

・負けたら終わりのトーナメントではできないような、チャレンジするプレーを可能にする。
・トーナメントにない引き分けや得失点差などがあるので、駆け引きが必要になる。
・ホーム&アウェイで同じ相手と2試合やることで、「次はどう戦うか」を考えることができる。

いくつかの改革は、日本各地の高校や中学校で長くチームを見てきた素晴らしい指導者の方々の後押しがなければ、おそらく実現していませんでした。いまも彼らの努力に頭が下がる思いです。

より洗練されていくテクニカルレポート

1998年以降、テクニカルレポートは主な大会ごとに作られるようになりました。

99年に日本代表が参加したパラグアイでのコパ・アメリカ、U-20日本代表が準優勝に輝いたナイジェリアでのワールドユース選手権、ニュージーランドでのU-17世界選手権においても、テクニカルレポートが作成されました。

どの大会も成果と課題にそれぞれ特徴こそあるものの、日本と世界の差を考えたときに浮き彫りとなるのは、フランスW杯のそれと大きな違いはありませんでした。

もちろん、2000年3月に作成した『強化指導指針　2000年版　ポスト2002』では、より具体的なポイントが明記されており、初めて作った1996年版から数えて3刊目とあって、確実に洗練された内容となっていたことは間違いありません。

トレーニングメニューやスライディングの仕方、ヘディングをする際の注意点などは、写真を使ってよりわかりやすく伝えることに努めました。筑波大学の先輩で、当時はトレセンコーチをされていた鈴木淳さん（その後、モンテディオ山形、アルビレックス新潟、大宮アルディージャ、ジェフユナイテッド千葉で監督を務め、現JFA指導者養成ダイレクター）などがモデルを買って出てくれたことを懐かしく思い出します。

エキセントリックだけど憎めないフランス人監督

1998年9月、フィリップ・トルシエが日本代表監督に就任しました。

当時、私は日本サッカー協会（JFA）でユースダイレクターを務めていて、西村昭宏監督が率いるU - 20日本代表のコーチもしていました。

フィリップと初めて会ったのは、フランスW杯のときです。

ワールドカップ期間中、たしかサンドニで各国の監督が集まるワークショップが開かれました。南アフリカ代表の監督をしていたフィリップも、その場にいたのです。岡田さんが所用で参加できず、代わりに私が行きました。

そのワークショップを取り仕切っていたのが、前フランス代表監督で、後にリヴァプールやリヨンで素晴らしい実績を残すことになるジェラール・ウリエさんです。

ジェラールの紹介で、初めてフィリップと話をしました。第一印象は、知的で落ち着いた人物というものでした。アフリカで実績を残していて、「白い魔術師」などと呼ばれていることも、そのときに知りました。

一緒に仕事をするようになると、第一印象とは少々異なる面も見ることになりましたが、そのときは非常に好印象を持ったものです。

フィリップが来日してからしばらくは、もともと面識があって、英語でコミュニケーションが取れるということで、私が面倒を見ることになりました。日本の文化を知ってもらおうと、いろいろな場所に行き、一緒に食事をして、日本代表の遠征にもついていきました。

彼は、エキセントリックなタイプの人物でした。

常にアグレッシブで、自分の主張を貫きとおす強さがありました。それは、アフリカを中心に監督をするなかで培われてきたやり方だったと思います。

アフリカでは物事がスムーズに進みません。代表チームにも問題が多く、監督や選手の給料が支払われないなんてことは日常茶飯事で、段取りはめちゃくちゃ。代表合宿を行なうにしても、いつ、どこに集合するのか。食事は誰が手配しているのか。宿泊する場所や移動手段は大丈夫か。すべて確認して、責任の所在を明らかにする必要があるのです。

そうしないと、いざ現場で、誰も何もしていない……なんてこともあったそうです。

そのような文化のなかで監督を務めてきたフィリップは、日本でも最初のうちは同じやり方を貫こうとしました。

周囲の日本人は、「どうしてそんなに怒っているんだろう」と不思議でした。

しかし、日本ではすべてがスムーズに進むとわかると、少し態度が変わりました。合宿の際も、招集リストさえ出せば選手たちはきちんと集まってくる。食事の準備も滞りなく、移動の手配は問題ないだけでなく時間も正確。宿泊施設も快適。スタッフは自分を尊重してくれる。

それでもときどき顔を真っ赤にして怒ることがありましたが、理不尽な要求に対しては毅然とした態度で「そんなこと、できるわけないだろう！」と言い返すと、しばらく経ってから「ミスターオノ、今夜ちょっと飲みに行かないか」と誘ってくれるのです。

そういった可愛らしい面もある、憎めない人物でした。

思い出は、いろいろあります。

U-20日本代表を率いて、ブルキナファソ遠征に行きました。選手たちは「経験を積ませる」という意向でバス移動。ところが、こんなとき大抵、自分は飛行機。「先乗りしなければならないから、オノさん一緒に来てくれ」と頼まれて、一足先に現地入りです。後でバス組に聞くと、デコボコ道を途中で動物をはねたりしながら6時間、大変な旅だったそうです。

こんな感じですから、何度も喧嘩をしました。ただし、悪い人間ではないので、結局とことん話し合って仲直り、の繰り返しでした。ピッチ上のことに関しても、本当にざっくばらんに語り合いました。トレーニングは常に緊張感があり、ピリピリしたムードで進みました。

時間が経つにつれてスタッフにも心の余裕ができて、日本流にアレンジしたり、監督の指示をうまく聞き流したりするようになりました。常に高圧的な態度を取るので、ときとして選手たちとの関係も微妙なところがありましたが、そこはコーチのサミアが間に入ってうまく調整していました。

強烈な性格のフィリップに振り回されていたスタッフ、選手たちも、彼の性格を理解すると、うまく付き合うようになりました。そう考えると彼は、アフリカの常識を持ち込んで、結果的に日本人を成長させてくれた監督だったかもしれません。

監督への反発心が選手たちのエネルギー源

フィリップは、トレーニングも特徴的でした。

彼は「シャドートレーニングの達人」だと思います。代名詞と言える3バックがコンパクトな陣形を整え、そのなかでオートマティックに攻める練習、守る練習を繰り返しました。ボールがこう来たらこう動くというパターン練習を、相手がいないなかで何度も何度も行なうのです。あのままで行き過ぎると、選手たちがまるでロボットのように動くチームになっていく危惧もありましたが、選手たちもそこまで言いなりではありませんでした。

フィリップの型を破り、創造性を発揮する選手が出てきたのです。

あるいは選手たちの自立が狙いだったのかもしれません。好意的に考えれば、オートマティゼーションのなかから創造性は生まれる、そういったフィロソフィを感じることができました。

フィリップが植えつけたベースがあるからこそ、それを破るという発想が出てくる。アレンジを加えることで、日本人の良さに合ったいいトレーニングができるようになりました。

成長の一段階、ベースを作るという意味では、フィリップの功績は大きいと思います。彼が、一時期日本にいてくれたおかげで、選手たちはその壁を突き破る強さを身につけた。言いなりになるのではなく、自分の意思で、自発的に動くことの大切さを学んだのです。

監督に対する反発心が、当時の日本代表のエネルギーでした。

「もっと自分を表現しろ」

フィリップは、よくそう言っていました。

日本人の引っ込み思案な性格を知っていて、「もっと自分をアピールしろ」と。そのあたりは、いま世界各国でプレーする〝海外組〟が実感していることかもしれません。世界では、はっきり自分の意見を言わないと見向きもされません。反対に自分を出して、そのうえで結果を残せると認めてもらえる。そうした真実を伝えたかったのかもしれません。

フィリップの言うとおり自分を表現した結果、代表から外された選手を何人か見ているので、何とも言えないのですが……(笑)。

彼が日本を去る前に、日本代表の戦いの軌跡を収めたビデオが発売されました。監督の肝いりで作られたというドキュメンタリーは、美しい映像で彩られています。ロッカールームや宿舎での様子をとおして選手たちの素顔がわかり、彼らがどのような思いを背負って自国開催のワールドカップを戦っていたのか、垣間見ることができます。とはいえ、その裏を知る人間としては、すべてが美しい話ばかりだったわけではない、とだけ付け加えておきます。

【1999ワールドユース選手権】

スポーツには想像以上の力がある

フィリップが日本代表監督を務めた約4年間は、いろいろなことがありました。1999年のワールドユースは決勝で強豪スペインに敗れたものの、U‐20日本代表が準優勝の快挙を果たしました。そして、2002年には日韓共催のワールドカップが開かれました。

ワールドカップが夢のまた夢だった時代は終わりました。初出場を遂げて、その4年後に自国開催の大会を開いて、2大会連続で世紀の祭典を体験したのですから。

2002年、あのとき初めて、ワールドカップというものがどのような大会なのか、世界的にどれほど注目されている重要な大会なのか、日本の国民全体が知ることになったと思います。

ワールドカップは単なるスポーツイベントにとどまらず、ピッチで最高の戦いが繰り広げられるばかりか、ピッチ外では世界中の人々が交流して絆が生まれます。ワールドカップにおいては、サッカーがサッカーの領域を超える。多くの人々が、そのことを知ったのではないでしょうか。

あのとき、海外から日本にやって来たサポーターの姿、三度の飯よりもサッカー、サッカーにすべてを懸けている姿を見て、刺激を受けた人も多かったでしょう。私自身も、サッカーの持つ無限の可能性を感じました。

それまでの日本では、他のスポーツと同様に、サッカーも教育の手段として存在していました。楽しみ、喜び、充実感よりも、〇〇道といった修行に近い感覚です。そうした感覚が、昭和から平成に時代が移ったなかで、徐々に変わってきました。

スポーツとは、本来どうあるべきか。

実際にサッカーをプレーしているのはピッチに立つ22人ですが、その周りにはものすごい熱狂があり、一人ひとりの人生が映し出されています。スタジアム、街、そして国全体を巻き込んで行なわれるのが、ワールドカップです。

人と人との交流があり、文化への理解が深まり、絆ができる。テレビをとおしてもあの熱狂は伝わってきますが、自分の国でワールドカップを開いたことで、肌で感じることができました。

スポーツには、それまで自分たちが考えていた以上の力がある――。そのように感じた人も多かったと思います。2002年の日韓共催W杯は、日本の歴史におけるひとつの節目だったことは、間違いありません。

個々のレベルアップが組織力を高める

小野伸二、稲本潤一、本山雅志、遠藤保仁、高原直泰といった面々を擁して、準優勝に輝いた1999年のワールドユースのあとにも、テクニカルレポートを作成しました。

とはいえ、ナイジェリアで開かれた大会はセキュリティの面で問題があり、それまでの大会のように大会全般を視察するスタッフまでは派遣することができませんでした。そこで、日本代表が関係した試合、対戦相手に限定されたレポートとなりました。

2000年3月に作成した『強化指導指針　2000年版　ポスト2002』のなかに収めたレポートは、総論、攻撃、守備、体力、オフ・ザ・ピッチの戦い、まとめ、ゴールキーパー編に分かれており、その内容をかいつまむと次のような記述があります。

1999 ワールドユース選手権 テクニカルレポート

■総論

準優勝の最大の要因は言うまでもなく、選手一人ひとりの力であり、日本のユース年代の選手の力が確実にアップしている証拠と言える。

しかしながら、準優勝はしたものの決勝ではスペインに完敗を喫し、世界のトップとはまだまだ大きな差があることも痛感した。

■攻撃

①基本的な技術・戦術の向上

ゲームスピードが一段とアップし、プレッシャーも一層厳しくなったなか、格段の進歩を披露した。「視野の確保」「速い判断」「ファーストタッチ」「パススピード」「オフ・ザ・ボールの動き」が大きく改善された結果、これまでの大会になく攻撃的サッカーを展開し、実際に得点も大幅に増えた。

②プレー精度

スペインと比較すると、まだまだ差があった。とくにスペインはインサイドを用いたプレー（トラップ、パス）を多用してミスをなくそうとしていたのに対し、日本はアウトサイド、インフロントによるイージーなミスが目立った。

③くさびのボールの受け方

マークされた状態での身体の使い方、手の使い方が改善された。ボディコンタクトを受けながらも、ボールコントロール、ボールキープできるようになった。

④ビルドアップ

ディフェンスラインでのビルドアップは課題。安全にボールをキープしつつ、いかに速く、確実に味方につないでいくか。苦し紛れに単に前に蹴っていては、世界では戦えない。

⑤個人の突破力

今大会での本山の突破力は、日本の攻撃の大きな力となった。スペインの選手はスペースの作り方、使い方やポジションチェンジ、テンポの変化など、試合状況に即した対応が的確で、今後は個人で局面を打開できる判断力を持った選手の育成が重要と感じた。

■守備

①組織的な守備力

好成績の大きな要因は、フラット3をベースとした組織的な守備力にある。

最終ラインの上げ下げによって、相手に時間とスペースを与えず、常に厳しいプレッシャーをかけ、ボールを奪って速く攻める。今大会のチーム戦術としては、日本の組織的守備の完成度が最も高かった。

②1対1の守備

個々の守備に課題が残る。基本的な1対1の対応、正しいポジションから鋭いアプローチ、そして相手のプレーを限定し（前を向かせない、スピードを止める、プレーの方向を限定する）、できたらボールを奪う、これらを習慣化する必要がある。

日本の選手は簡単に抜かれたり、ファウルがまだまだ多いので、もっと身体をうまく使って相手を止めたり、ボールを奪う技術を習慣化する必要がある。

③スライディングタックル

スライディングタックルの技術が欠けている。他の国は多用、成果をあげている。

④ヘディング

競り合いで進歩が見られた。身体の使い方が良くなり、単純なロングボールに対しては、ほとんど問題がなかった。

■体力

相手のボディコンタクトを逃げずに、やられる前に身体をぶつけていくという意識の変化は、日本のプレー・戦術に大きな影響を与えている。今後も、フィジカル能力の向上を目指すことが必要。持久力については問題なかったと感じる。

■オフ・ザ・ピッチの闘い

ナイジェリアという日本とはまったく異なる環境＝移動・宿泊・食事・気候・生活習慣などに押しつぶされることなく、プレーに集中して最後まで全力で戦うことができた。

■まとめ

フラット3をベースとした守備の向上によって、安定した試合運びができるようになった。とくにコミュニケーションを徹底したことで、ひとつのプレーに対し、チーム全体が組織として機能的に動けるようになっている。

イージーミスによるボールロストが減り、ボール支配率が大幅にアップ。これまでの守備型サッカーから、安定した攻撃型サッカーの転換につながった。これからはゲームの流れによって、様々なポジションで対応できる能力が必要となってくる。ディフェンスラインからのビルドアップは今後必須。DFはオールラウンドプレーヤーとしてのレベルを上げていく必要がある。さらに、攻守両面で1対1の強化は不可欠。さまざまな局面を、個人の判断・技術で打開できるような選手を育てていく必要がある。個々のレベルアップこそが、日本のスタイルである組織的なサッカーをさらにレベルアップさせることになる。

■ゴールキーパー編

①守備範囲の拡大

シュートを止めるだけでなく、最終ラインの背後のスペースを守る、スイーパーの役割を要求されるようになっている。そのためには正しいポジショニングを取り、守備陣に対する指示を欠かさず、守備範囲を広げる必要がある。

②フィジカル面の強さ

空中戦ではボディコンタクトの強さが、1対1の場面では勇気を持って前へ出てシュートコースを狭くする強さが必要となる。

③攻撃面での役割

フィールドプレーヤー同様、早く適切な状況判断が必要。

バックパスを受けやすいポジションを取り、ビルドアップへの参加が必要。

精度の高いロングキックで攻撃を展開するプレーが必要。

④ゴールキーパーとしての成熟度

攻守両面において厳しいプレッシャーのかかるなか、早く適切な判断をして、安全確実なプレーをすることが重要となる。

ウルグアイのGKはフル代表でもプレーできる資質と能力があった。あらゆる面で成熟を必要とするポジションにおいて、この年代ですでにフル代表でもプレーできる選手が存在しているということが、日本と世界の大きな差であると感じた。

1999 ワールドユース選手権グループリーグ　日本代表戦績／1位通過

pos.	No.	選手名（所属）	出場数	得点	GL 第1戦	GL 第2戦	GL 第3戦
			日付		4月5日	4月8日	4月11日
			対戦相手		カメルーン	アメリカ	イングランド
					● 1-2	○ 3-1	○ 2-0
GK	1	榎本達也（横浜）	0	0			
GK	18	南　雄太（柏）	3	0	○ 90	○ 90	○ 90
DF	2	手島和希（京都）	3	0	○ 90	○ 90	○ 90
DF	3	辻本茂輝（京都）	3	0	○ 90	○ 90	○ 90
DF	4	石川竜也（筑波大）	3	1	▲ 16	▲ 6	▲ 59 ①
DF	5	加地　亮（C 大阪）	2	0		▲ 16	▲ 20
DF	17	氏家英行（大宮）	0	0			
MF	6	稲本潤一（G 大阪）	0	0			
MF	7	酒井友之（市原）	3	0	○ 90	○ 90	○ 90
MF	8	小笠原満男（鹿島）	3	1	▽ 74	○ 90 ①	○ 90
MF	10	本山雅志（鹿島）	3	0	○ 90	▽ 84	▽ 77
MF	11	遠藤保仁（京都）	3	0	○ 90	○ 90	▽ 70
MF	12	中田浩二（鹿島）	3	0	○ 90	○ 90	○ 90
MF	13	小野伸二（浦和）	3	1	○ 90	▽ 74	○ 90 ①
FW	9	高原直泰（磐田）	3	2	○ 90 ①	▽ 89 ①	○ 90
FW	14	永井雄一郎（浦和）	3	0	▽ 69	○ 90	▽ 31
FW	15	高田保則（平塚）	1	0			▲ 13
FW	16	播戸竜二（G 大阪）	2	0	▲ 21	▲ 1	

○＝フル出場、▽途中交代、▲途中出場、数字は出場時間、丸数字は得点

1999 ワールドユース選手権 決勝トーナメント　日本代表戦績／準優勝

					ベスト16	ベスト8	準決勝	決勝
			日付		4月15日	4月18日	4月21日	4月24日
			対戦相手		ポルトガル	メキシコ	ウルグアイ	スペイン
pos.	No.	選手名（所属）	出場数	得点	○1（5PK4）1	○2-0	○2-1	●0-4
GK	1	榎本達也（横浜）	0	0				
GK	18	南　雄太（柏）	4	0	○120	○90	○90	○90
DF	2	手島和希（京都）	4	0	○120	○90	○90	○90
DF	3	辻本茂輝（京都）	4	0	○120	○90	○90	○90
DF	4	石川竜也（筑波大）	2	1		▲35	▲33	
DF	5	加地　亮（C大阪）	1	0			▲45	
DF	17	氏家英行（大宮）	1	0				▽45
MF	6	稲本潤一（G大阪）	3	0	▲54		▲12	▲45
MF	7	酒井友之（市原）	4	0	○120	○90	○90	○90
MF	8	小笠原満男（鹿島）	4	0	▽98	○90	○90	○90
MF	10	本山雅志（鹿島）	4	1	○120	▽55①	▽45	○90
MF	11	遠藤保仁（京都）	4	1	○120①	○90	▽45	○90
MF	12	中田浩二（鹿島）	4	0	○120	○90	○90	○90
MF	13	小野伸二（浦和）	3	1	○120	○90①	○90	
FW	9	高原直泰（磐田）	4	1	○120	▽86	○90①	▽56
FW	14	永井雄一郎（浦和）	4	1	▽66	▽63	○90①	▽69
FW	15	高田保則（平塚）	2	0		▲27		▲21
FW	16	播戸竜二（G大阪）	3	0	▲22	▲4		▲34

○＝フル出場、▽途中交代、▲途中出場、数字は出場時間、丸数字は得点

【2002W杯日韓大会】

映像によるテクニカルレポート

２００２年の日韓共催Ｗ杯においては、戦術面での劇的な変化はありませんでした。大会後のテクニカルレポートも、日本の良さと改善点を再確認して、継続した強化が必要という構成になりました。

このままではダメという部分はなく、ある程度通用するようになってきたので、その方向性でもっともっと伸ばしていこう、という総括です。

日本代表は堂々と、素晴らしい戦いを見せてくれました。

しかし、ホームでの大会ということで、アドバンテージがあったことは否めません。やはり、同じグループに第1ポッドの国がいないということは、大きな違いです。もちろん、彼らが成し遂げたグループステージ突破、ベスト16進出は堂々たるものですが、他の大会と比較しながら見ていく際には〝特別な大会〟だったことも加味しておくことも必要でしょう。

日韓共催Ｗ杯期間中、私はＪＦＡテクニカルスタディグループ（ＴＳＧ）として、日韓を往復しながら多くのゲームを見ました。

ＪＦＡ・ＴＳＧのメンバーが２人１組で試合を視察し、レポートを作成。同時にアシスタントスタッフがレポートをもとに、試合ごとの映像からポイントとなる部分を抜き出す作業を進めていきました。

期間中はＦＩＦＡのＴＳＧとの意見交換なども行ない、世界の最先端の情報収集に努めました。そして、大会終了後にＪＦＡ・ＴＳＧメンバーが集まり、全員で大会の総括を行ない、ビデオ班とレポート班に分かれて作業に入りました。

そうやって完成した「ＪＦＡテクニカルレポート」と「ＪＦＡテクニカルビデオ」を通じて、世界のサッカーや日本のサッカーの現状を知り、世界のピッチでは日本のどこが通用して、何が足りないのか、を日本全国の指導者と共有できたらと思っています。

日韓共催Ｗ杯後の「ＪＦＡテクニカルレポート」の中身は、次のとおりです。

この大会は、前回優勝国のフランス（0勝1分2敗、グループリーグ最下位で敗退）を筆頭に、アルゼンチン、イタリア、スペインといった歴代優勝国が苦しみ、逆に日本、韓国、セネガル、トルコ、アメリカといった伏兵が結果を残した大会でもありました。

グループリーグの戦いを振り返ると、全48試合中3点差以上ついたゲームは6試合（98年大会の8試合から減少）でした。すべてのグループにおいて最終の第3戦目が決勝トーナメント進出を懸けた試合となるなど、どの対戦カードも僅差で、どちらが勝ってもおかしくはない試合運びとなりました。

アジア・アフリカ勢に象徴される新興勢力の台頭により、参加チーム間に力の均等化が見られ、群雄割拠の大会となったと言えます。

2大会ぶり5回目の優勝を果たしたブラジルに関しては、次のように分析しています。

- 3戦全勝ながら、グループリーグでの戦いは不安定だった。
- 攻撃から守備に切り替わったとき、中盤に大きなスペースができて、ピンチを招いていた。
- 準々決勝のイングランド戦から布陣を変更し、守備のバランスが良くなった。
- 守備の安定が、ロナウド、リバウド、ロナウジーニョの攻撃的プレーを引き出した。

FIFAワールドカップ　日韓大会　テクニカルレポート

第1章	プロローグ
第2章	大会概要と結果 大会概要 大会結果
第3章	参加チームの分析
第4章	世界のサッカーと今後の課題 技術的・戦術的な分析①～ＦＰ編 技術的・戦術的な分析②～ＦＰ編 技術的・戦術的な分析③～ＧＫ編
第5章	日本代表 Ｐ・トルシエのチームづくり 技術委員会検証
第6章	記録・データ編
第7章	エピローグ

2002W杯日韓大会　JFAテクニカルスタディグループ	
責任者	山口　隆文（JFA技術委員）
副責任者	小野　剛（JFA技術委員）
副責任者	田嶋　幸三（JFA技術委員）
ビデオ担当リーダー	須藤　茂光（JFAナショナルコーチングスタッフ）
ビデオ担当	城福　浩（JFAナショナルコーチングスタッフ）
レポート担当リーダー	大橋　浩司（JFAナショナルコーチングスタッフ）
レポート担当	大熊　清（JFA技術委員／JFAナショナルコーチングスタッフ）
レポート担当	鈴木　淳（JFAナショナルコーチングスタッフ）
レポート担当	吉田　靖（JFAナショナルコーチングスタッフ）
GK 担当リーダー	加藤　好男（JFAナショナルコーチングスタッフ）
GK 担当	柳楽　雅幸（JFAナショナルコーチングスタッフ）
GK 担当	武田　亘弘（JFAナショナルコーチングスタッフ）
アシスタント	原田　貴志
	武藤　覚
	宮川　真一
	榎本　恵子

・組織のなかで個が輝きを放ち、イングランドやドイツの強固な守備を打ち破った。

この大会のブラジルから学んだことは、組織と個性が融合されていないと本当に強いチームは作れない、ということです。

輝く個だけでは勝てないし、組織力だけでも勝てない――。

しっかりした組織を作り、そのなかで選手一人ひとりの個性が発揮されるようなチームを作ることが、世界で結果を残すために必要なことだと気づくことができました。

この大会における日本代表の成果と課題は、次のようにまとめました。

FIFAワールドカップ　日韓大会　日本代表の成果と課題

■成果

①パススピードとパスの精度の改善

前回大会よりも、スピードあるグラウンダーのパスを出せるようになった。

厳しいプレッシャーがなければ、速いパス回しで相手の守備網をかいくぐり、ボールを支配できるようになった。

②中盤の構成力

正確な技術と速い判断力を持ち、プレスをかけられても局面の打開を図れるようになった。

オフ・ザ・ボールの動きが改善された。

ボールへのサポートの数が増えて、ワンタッチプレーでの局面打開ができるようになった。

フィジカルが強い選手が増え、ボールを奪う回数が多くなり、ボール支配率が高まった。

MFのポジションチェンジがタイミングよく、バランスを崩さずできるようになった。

③ディフェンスへの意識

チーム全体でボールを奪うという意識が浸透してきた。

中盤での1対1で、フィジカル面で当たり負けしない選手が増えてきた。

④ダイレクトプレー

高い位置でボールを奪う意識と、素早く前線へパスを出して速く攻撃する意識が見られた。

⑤クリエイト&エクスプロイトスペースとプルアウェイ

スペースを作る動きとスペースへ飛び込む動きの共通理解があった。

プルアウェイしながらマークを外した選手にパスを合わせる場合と、その動きによりできたスペースへ飛び込む選手に合わせる場合の選択において、的確な判断ができるようになった。

⑥フェアプレー

イエローカードは4試合で6枚、レッドカードはなし。

アンフェアなプレーも少なかったが、ファウルの数は多かった。

1試合平均のファウル数 24・7回は参加チーム中最多。

⑦コンディショニング

開催国の特権で、4年間という長期にわたる準備期間があった。

Jリーグクラブの理解もあり、6週間前から集中した準備ができた。

⑧スカウティング

フランス人スタッフ、ミッシェル・エベ氏や和田一郎氏を中心に対戦国を丸裸にできた。

VTRを使って、選手たちがわかりやすく理解できるように構成されていた。

■課題

①速い判断とその柔軟性

まだまだ、常に状況を観ることが習慣化されていない。

ボールを持つ直前まで「観る」ことが習慣化されれば、ぎりぎりまで相手・味方・スペースなどの情報が把握でき、プレーを変えられる柔軟性が生まれる。

②パスの質と精度

プレッシャーがあるなか、正確なパスや的確な判断に基づいた効果的なパスが求められる。

中距離のパスの精度を上げる必要がある。

③攻守両面における1対1の強化

守備——1対1の応対はファウルに逃げるケースが多かった。

スピードのある選手への対応能力のレベルアップが求められる。

反則をせずボールを奪う技術・戦術とともに、フィジカル面の強化も求められる。

攻撃——前を向く意識がまだまだ不十分。

1対1の場面で仕掛けようとする姿勢は出てきたが、相手に脅威を与えるまでには至っていない。1対1での突破力の向上が、今後より重要になってきた。

④フィニッシュ

フィニッシュに至るクロス、シュートの精度が低い。

シュートを打つ勇気を持った選手の育成が必要とされる。

⑤ポジション別

ストライカー……常に相手の裏をかき、隙を突いてシュートするアラートな姿勢に欠ける。

アウトサイド……正確なクロス、タイトなディフェンス、豊富な運動量が求められる。

ボランチ……1対1の強さ、攻守両面にわたる運動量と技術。ミドル・ロングパス&シュート。

視野の広さと的確な判断。

ストッパー……スピード、テクニックのある相手を止めるディフェンス能力。

ダイレクトプレーをできる正確なパス能力。

GK……ゴールを守るという気迫の強さ。相手チームに対する威圧感。冷静で的確な判断力。

2002W杯日韓大会　日本代表戦績／ベスト16

pos.	No.	選手名（所属）	出場数	得点	第１戦	第２戦	第３戦	ベスト16
			日付		６月４日	６月９日	６月14日	６月18日
			対戦相手		ベルギー	ロシア	チュニジア	トルコ
					△ 2-2	○ 1-0	○ 2-0	● 0-1
GK	1	川口能活（ポーツマス／ ENG）	0	0				
GK	12	楢﨑正剛（名古屋）	4	0	○ 90	○ 90	○ 90	○ 90
GK	23	曽ヶ端準（鹿島）	0	0				
DF	2	秋田　豊（鹿島）	0	0				
DF	3	松田直樹（横浜）	4	0	○ 90	○ 90	○ 90	○ 90
DF	4	森岡隆三（清水）	1	0	▽ 71			
DF	6	服部年宏（磐田）	1	0		▲ 15		
DF	16	中田浩二（鹿島）	4	0	○ 90	○ 90	○ 90	○ 90
DF	17	宮本恒靖（G 大阪）	4	0	▲ 19	○ 90	○ 90	○ 90
MF	5	稲本潤一（アーセナル／ ENG）	4	2	○ 90 ①	▽ 85 ①	▽ 45	▽ 45
MF	7	中田英寿（パルマ／ＩＴＡ）	4	1	○ 90	○ 90	▽ 84 ①	○ 90
MF	8	森島寛晃（C 大阪）	3	1	▲ 22		▲ 45 ①	▲ 4
MF	14	三都主アレサンドロ（清水）	2	0	▲ 26			▽ 45
MF	15	福西崇史（磐田）	1	0		▲ 5		
MF	18	小野伸二（フェイエノールト／ NED）	4	0	▽ 64	▽ 75	○ 90	○ 90
MF	19	小笠原満男（鹿島）	1	0			▲ 6	
MF	20	明神智和（柏）	3	0		○ 90	○ 90	○ 90
MF	21	戸田和幸（清水）	4	0	○ 90	○ 90	○ 90	○ 90
MF	22	市川大祐（名古屋）	3	0	○ 90		▲ 45	▲ 41
FW	9	西澤明訓（C 大阪）	1	0				○ 90
FW	10	中山雅史（磐田）	1	0		▲ 18		
FW	11	鈴木隆行（鹿島）	4	1	▽ 68 ①	▽ 72	○ 90	▲ 45
FW	13	柳沢　敦（鹿島）	3	0	○ 90	○ 90	▽ 45	

○＝フル出場、▽途中交代、▲途中出場、数字は出場時間、丸数字は得点

第4章

トライ&エラー

2006W杯ドイツ大会
2010W杯南アフリカ大会
2014W杯ブラジル大会

【日本サッカーの理念・理想を現実のものとするために】

育成にこそ未来がある

2002年、史上初めて自国で開催されたワールドカップは、熱狂のうちに幕を閉じました。そして9月、私はJFAを離れてサンフレッチェ広島のヘッドコーチに就任しました。強化部に籍を置いていた1997年以来、約5年ぶりに広島へ戻ったのです。

その年、ガジエフ監督の下でシーズンをスタートさせた広島は苦しい戦いが続き、降格圏での争いを余儀なくされていました。終盤までJ1残留を目指し必死にもがいたものの、J2降格が決まり、その年の天皇杯から私が監督として指揮を執ることになりました。

監督となってからの日々は、怒涛の勢いで過ぎていきました。

3年のうちにJ1で優勝するチームとなることを目標に、1年でJ1復帰を果たし、復帰1年目の前期13位、後期11位、1シーズン制となった2年目は7位と順位を上げることはできましたが、宣言していた「3年で優勝争い」までには届かず、就任4年目の5月、成績不振の責任をとって監督を辞任しました。

最終的に優勝争いにまでは絡めませんでしたが、私が監督を務めた間にいくつかのチーム改革を進めることができました。

若手の育成・抜擢が、そのひとつです。

U-20日本代表のコーチをしていたときの教え子でもある森﨑和幸・浩司兄弟や駒野友一は、すでに主軸となりつつありましたが、彼らをチームの中心に据えました。

１９８４年生まれの茂木弘人は経験を積んで成長してくれましたし、高校生だった１９８６年生まれの前田俊介、高萩洋次郎、高柳一誠なども、１年で復帰したＪ１のピッチで躍動しました。広島のような地方クラブでは若い選手たちを育てることこそが未来を照らしてくれると信じて、私は積極的に若手を登用しました。

また、アカデミーの充実にも取り組みました。日本代表経験者である久保竜彦と藤本主税の２人の移籍は痛手ではあったものの、彼らの移籍で生じた資金が生まれました。その際にはその資金をトップではなく、ユースのための人工芝のピッチに投資して欲しいと当時の織田強化部長に頼みました。

元々、森山佳郎監督以下ユースの選手たちが質の高いトレーニングを行なってくれていたなかで、新たな人工芝ピッチはフェスティバルを開くことを可能にしてくれました。常に対戦相手に困っていたなかで、全国レベルのチームが集まってくれる環境は、彼らのポテンシャルをさらに引き上げてくれることに貢献してくれたと思っています。そして２００３年と２００４年には、

2年連続でユース3大大会（クラブユース選手権、高円宮杯全日本ユース、Jユースカップ）のうち2冠を達成。「広島ユース黄金時代」を築き上げてくれました。もちろん長い目で見れば、それがトップチームにも恩恵をもたらしてくれるわけです。

高萩洋次郎、槙野智章、柏木陽介、森脇良太、平繁龍一といった選手たちは広島のアカデミーで自分自身を磨き、大きく羽ばたいていった選手たちではないでしょうか。

トップのキャンプには、毎回アカデミー所属の高校生を5、6人は呼んでいました。ユースとトップが分かれて活動するのではなく、一貫性のあるピラミッド型の組織を意識していたからです。

資金力にそれほど恵まれていない広島が生き残っていくためには、選手を育てるしかない。

それは、日本と世界の構図を考えた場合も同じです。

次から次へとタレントが湧き出てくるブラジルやアルゼンチン、世界トップレベルのリーグが身近にあるヨーロッパの主要国とは異なり、日本は世界のトップから地理的にも離れた極東の島国です。限られた「世界との戦い」の経験を全体で共有して、世界で通用する選手を目指して育てていかなくてはなりません。

育成にこそ未来がある——。

私は広島という地方クラブと縁を持ったことで、改めて育成に対する確信を抱きました。

そして私が広島で監督をしていた時期も、日本サッカーは世界で結果を残すことを目標に様々な取り組みを進めていきました。

そのひとつが、2005年1月1日、国立競技場で開催された天皇杯決勝の前に、当時の川淵三郎キャプテンが発した「JFA2005年宣言」です。

この2005年宣言は、名実ともに世界に向けて舵を切っていく大きな転機となったと思っています。

JFA2005年宣言

《JFA2005年宣言》

・**JFAの理念**

サッカーを通じて豊かなスポーツ文化を創造し、
人々の心身の健全な発達と社会の発展に貢献する。

・**JFAのビジョン**

サッカーの普及に努め、スポーツをより身近にすることで、
人々が幸せになれる環境を作り上げる。
サッカーの強化に努め、日本代表が世界で活躍することで、
人々に勇気と希望と感動を与える。
常にフェアプレーの精神を持ち、国内の、
さらには世界の人々と友好を深め、国際社会に貢献する。

・**JFAの約束2015**

2015年には、世界でトップ10の組織となり、ふたつの目標を達成する。

1. サッカーを愛する仲間＝サッカーファミリーが500万人になる。
2. 日本代表チームは、世界でトップ10のチームとなる。

・**JFAの約束2050**

2050年までに、すべての人々と喜びを分かちあうために、ふたつの目標を達成する。

1. サッカーを愛する仲間＝サッカーファミリーが1000万人になる。
2. FIFAワールドカップを日本で開催し、日本代表チームは優勝チームとなる。

2006W杯ドイツ大会

初戦でまさかの黒星

２００６年には、ドイツで第18回目のワールドカップが開催されました。ジーコ監督が指揮した日本代表はアジア２次予選から参加すると、オマーン、シンガポール、インドを相手に６戦全勝で最終予選へ進出。北朝鮮、イラン、バーレーンと同グループの戦いも危なげなく切り抜け、予選に参加した国々のなかでワールドカップ一番乗りを決めました。

ＧＫ川口能活、ＤＦ宮本恒靖、ＭＦ中田英寿、ＦＷ柳沢敦を柱に、経験のある楢﨑正剛、福西崇史、小野伸二、小笠原満男や、４年前の日韓共催Ｗ杯では代表入りが叶わなかった中村俊輔、高原直泰、中澤佑二がメンバー入り。当確と思われていた久保竜彦が外れ、巻誠一郎が「サプライズ選出」と言われましたが、当時の最強メンバーが揃っていたと思います。

ワールドカップ直前の親善試合では、優勝候補のドイツ相手に敵地（レバークーゼン）で高原直泰の２得点で引き分けるなど、仕上がりも上々。日本のサッカーファンの期待が高まるなか、順風満帆で本大会を迎えました。

２００6年6月12日、オーストラリアとの第1戦も滑り出しは順調でした。前半26分、中村のクロスがそのままゴールへ吸い込まれて、日本が先制に成功しました。川口がゴールマウスを守り、宮本、中澤、坪井慶介が３バックを形成。右アウトサイドの駒野、左の三都主アレサンドロ、ダブルボランチの中田英、福西との連係もよく、トップ下の中村、前線の柳沢、高原の全員が、高い守備意識を持ってオーストラリアに対抗しました。

ところが、名将フース・ヒディンクの選手交代で流れが変わったのです。ティム・ケーヒル、ジョシュア・ケネディ、ジョン・アロイージという攻撃的選手を次々と投入して、自分たちの強みである高さを活かした攻撃で強い圧力をかけてきました。

悪夢の逆転劇が始まったのは、残り6分からでした。途中出場のケーヒルに84分に同点とされると、オーストラリアの勢いはさらに加速、5分後に逆転ゴール、さらにアディショナルタイムに入った90＋２分にアロイージにダメ押しの3点目を許し、１-３で初戦を落としてしまいました。

同点ゴールをきっかけに保たれていた攻守のバランスが崩れ、取り戻すことができないまま終わってしまったという印象です。

中田英寿の引退

日本代表は、その後も本来の力を発揮するまでには至りませんでした。

クロアチアとの2戦目は川口のスーパーセーブもあり、スコアレスドロー。ブラジルとの最終決戦に決勝トーナメント進出の可能性を残しましたが、王国相手の一戦は1-4の完敗でした。玉田圭司の目の覚めるようなゴールで先制に成功したものの、その後はブラジルに力の差を見せつけられました。

「怪物」ロナウドの2ゴール、ジュニーニョ・ペルナンブカーノのブレ球の一撃などは、組織と個の能力の両方で圧倒された格好でした。

結局、期待されたジーコジャパンは1分2敗で大会を去ることになりました。

この大会を最後に、中田英寿が日本代表を引退しました。

中田との思い出はたくさんあります。

「マイアミの奇跡」を起こしたアトランタ五輪のU-23日本代表や、98年のフランスW杯では、コーチと選手という関係で何度も話し合いました。

私が日本代表に導入するようになったビデオでの分析に関して、最も興味を示してくれたのが中田でした。対戦相手を研究するためのビデオだけでなく、紅白戦などでも全体の動きがわかるような映像を収めていましたが、夕食のあとに「今日の練習のビデオ観せてよ」なんて感じで、フラリと私の部屋にやって来るのです。

そこで中田は、自分が出すパスの受け手となるFWの動き方などについて、「もっとこうして受けてくれるといいんだけどね」と、自分なりの要求をそれとなく私に伝えてきました。

おそらく、彼の思いを聞いた私が、翌日の練習でFWにそうアドバイスしてくれたら……と考えていたのではないでしょうか。それくらい頭のいい選手でした。

その言動から誤解されることも多かったと思いますが、誰よりもサッカーが好きで、誰よりもピッチに早く出て練習し、誰よりも日本代表のことを考えていたのが中田でした。全体練習のあと、よく2人でパス練習をしたことも覚えています。

中田の唸るように鋭いパスをミスなく受けるために、必死でした。

「もっとやれる」

引退の意思を聞いたとき、そう思いました。

フランスW杯の頃から日本代表を支えてきた中田は、世界に通用する数少ない選手のひとりでした。テクニカルレポートで世界と日本の差を分析しても、すでに世界基準の中田は当てはまらないような項目がいくつもありました。

プレッシャーがある厳しい場所でボールを引き出す動き、相手に身体を寄せられても動じないフィジカルの強さ、正確なテクニック、判断のスピード、パススピード、ボールを奪う能力など、どれもが、ほかの日本人選手よりも一段上のレベルにありました。

少なくとも、あと1大会か2大会は日本代表を引っ張ってプレーしてほしかった。それが私の正直な思いです。

良さを消された〝最強の日本代表〟

ドイツW杯は、日本代表にとって力を出し切れたとは言えない大会でした。しかし、別の見方をすると、対戦相手が日本の良さを封じたとも考えられます。

ノーマークの弱小国は、思う存分に力を発揮できる可能性があります。ダークホースが結果を残すのは、どの大会でも見られることです。しかし、次のステップに進むと、そうはいきません。どのチームにも研究され、自分たちの良さを発揮させてもらえなくなる。相手が、良さを消しにくるからです。

日本も、直前のトレーニングマッチで良いパフォーマンスを発揮したのはひとつの勝負のあやだったかもしれません。なぜなら対戦相手が、日本の良さを消しにきたからです。

タイトルが懸かった試合、公式戦では、相手の牙を折ったうえで自分たちの良さをぶつける。それが常套手段で、世界で結果を残すためのセオリーです。

そう考えると、3回目の出場となったドイツ大会では結果を残すことができませんでしたが、日本が世界で認められた、警戒心を持たれるまでの存在になったと言えるかもしれません。

ドイツW杯が終了すると川淵さんから呼ばれて、田嶋さんを引き継ぐ形で技術委員長を託されました。そのため2006年のテクニカルレポートの作成にも携わることになり、TSG（テクニカルスタディグループ）のメンバーと一緒に、最後のまとめ作業を行いました。

2006W杯ドイツ大会　日本代表戦績／グループリーグ敗退

					第1戦	第2戦	第3戦
			日付		6月12日	6月18日	6月22日
			対戦相手		オーストラリア	クロアチア	ブラジル
pos.	No.	選手名（所属）	出場数	得点	●1-3	△0-0	●1-4
GK	1	楢崎正剛（名古屋）	0	0			
	12	土肥洋一（FC東京）	0	0			
	23	川口能活（磐田）	3	0	○90	○90	○90
DF	2	茂庭照幸（FC東京）	1	0	▲35		
	3	駒野友一（広島）	1	0	○90		
	5	宮本恒靖（G大阪）	2	0	○90	○90	
	6	中田浩二（バーゼル／SUI）	1	0			▲34
	14	三都主アレサンドロ（浦和）	3	0	○90	○90	○90
	19	坪井慶介（浦和）	2	0	▽56		○90
	21	加地　亮（G大阪）	2	0		○90	○90
	22	中澤佑二（横浜M）	3	0	○90	○90	○90
MF	4	遠藤保仁（G大阪）	0	0			
	7	中田英寿（ボルトン／ENG）	3	0	○90	○90	○90
	8	小笠原満男（鹿島）	2	0		○90	▽56
	10	中村俊輔（セルティック／SCO）	3	1	○90①	○90	○90
	15	福西崇史（磐田）	2	0	○90	▽45	
	17	稲本潤一（ウェストブロムウィッチ／ENG）	2	0		▲45	○90
	18	小野伸二（浦和）	1	0	▲11		
FW	9	高原直泰（ハンブルガーSV／GER）	3	0	○90	▽85	▲6
	11	巻誠一郎（千葉）	1	0			▽60
	13	柳沢　敦（鹿島）	2	0	▽79	▽61	
	16	大黒将志（グルノーブル／FRA）	3	0	▲1	▲5	▲24
	20	玉田圭司（名古屋）	2	1		▲29	○90①

○＝フル出場、▽途中交代、▲途中出場、数字は出場時間、丸数字は得点

2006W杯ドイツ大会　JFAテクニカルスタディグループ	
布　啓一郎	ナショナルトレセンチーフ／ナショナルトレセンコーチ・関東担当
眞藤　邦彦	指導者養成チーフ／ナショナルトレセンコーチ・中国担当
須藤　茂光	ナショナルトレセンコーチ・北海道担当
足達　勇輔	ナショナルトレセンコーチ・東北担当
原田　貴志	ナショナルトレセンコーチ・東北担当
木村　康彦	ナショナルトレセンコーチ・北信越担当
和田　一郎	ナショナルトレセンコーチ・関東担当
池内　豊	ナショナルトレセンコーチ・東海担当
小倉　勉	ナショナルトレセンコーチ・関西担当
菅原　大介	ナショナルトレセンコーチ・中国担当
吉田　弘	ナショナルトレセンコーチ・四国担当
吉武　博文	ナショナルトレセンコーチ・九州担当
加藤　好男	ナショナルトレセンコーチ／ GK プロジェクトチーフ
川俣　則幸	ナショナルトレセンコーチ／ GK プロジェクト
藤原　寿徳	GK プロジェクトメンバー
赤池　保幸	
須永　純	
濱田　堯	
慶越　雄二	
渡辺　英豊	
加藤　寿一	
岡中　勇人	
柳楽　雅幸	
眞田　雅則	
石末　龍治	
吉田　明博	
大橋　昭好	
中河　昌彦	
佐々木　理	
尾形　行亮	
伊藤　裕二	
岩永　健	
田島　一樹	アシスタント／筑波大学大学院
馬淵　雄紀	アシスタント／筑波大学大学院
中下　征樹	アシスタント／筑波大学
橘　和徳	アシスタント／筑波大学

イタリア対フランスの決勝戦では、ジネディーヌ・ジダンが頭突きによりレッドカードを受け、ＰＫ戦の末にイタリアが24年ぶり４回目の世界一に輝きました。

大会全体を振り返ると、新興国の躍進が見られた４年前の日韓共催W杯とは異なり、波乱の少ない順当な大会だったと思います。メキシコ、オーストラリア、ガーナの３カ国を除き、決勝トーナメントに勝ち進んだ16チーム中13チームが欧州&南米勢でした。

準々決勝でブラジルとアルゼンチンが姿を消し、４強すべて欧州勢となったのも、ドイツでの大会だったことと無縁ではないでしょう。ポルトガルに勝利して3位に食い込んだドイツでは、次世代を担うことになるであろうバスティアン・シュバインシュタイガー、フィリップ・ラーム、ルーカス・ポドルスキといった20代前半の若い選手たちの活躍が光りました。

ドイツW杯後のテクニカルレポートをまとめると、次のようになります。

FIFAワールドカップ　ドイツ06　テクニカルレポート①

≪大会全般≫

1. サッカーの発展
ヨーロッパ開催ということで、気候や時差の面で有利と言えるヨーロッパ勢が順当に勝ち上がり、番狂わせの少ない大会となった。大差のつく試合はほとんどなく、実力の格差は確実に縮まっている。しかし、真の強国とそれ以外の国との二極化が見られた。

2. 今大会の特徴

①切り替えの隙を突くカウンターアタックからの得点の減少
前回、前々回大会の特徴だったカウンターからの得点、どのチームもそれを狙っていたにもかかわらず、カウンターからの得点が減少した。これは、ボールを失った瞬間に攻守を切り替え、前線の選手であってもカウンターアタックを許さない守備を行なっていたことによるものである。

②遅い時間帯の得点の増加
前回大会と比べて、試合終盤の得点が増えた。どのチームも終盤までは組織的な守備の精度が高く、疲労が蓄積して初めてスコアが動く試合が多かった。

③セットプレー
前回大会と比べて、セットプレーからの得点が増えた。各チームの守備が堅固となり、流れのなかから得点を奪うことが難しくなっている。

④中距離シュート
引いて守りを固める相手に対して、中距離シュートを打てるチームが勝てていた。だが、決勝トーナメントに入ると、その傾向は減少。中盤での寄せの甘いチームは、グループリーグで淘汰されたと言える。

⑤先制点が極めて重要
どのチームも守備が整備されており、それ故、先制点がより大きな意味合いを持つようになっていた。逆転による勝利は、全64試合中7試合のみだった。

3.「甘さ」が許されないサッカー

サッカーがさらに洗練された結果、甘さ、隙のあるチームは勝てなくなっている。全員が高い技術、戦う姿勢、ハードワークを高いレベルでベースとして持っている国のみが勝てる。

守備を免除されるスーパースターは存在しない。

4. 勝つ国のチーム

1カ月にわたる長期大会においては、選手層の厚さが明暗を分けた。1人の選手に依存する傾向の強いチームは、その選手を欠くとまったく別のチームとなり、勝ち進めなかった。

5. アジアの敗退

前回大会は、開催国でもあった韓国が4位、日本がベスト16と健闘したが、出場4チームすべてがグループリーグで敗退した。

韓国……17位。イラン……25位。日本……28位。サウジアラビア……28位。かといって、アジアのレベルが低下したわけではない。JFAは今後も指導者交流など様々な活動をとおしてアジア全体のレベルアップに努め、そのなかで切磋琢磨することで世界トップ10を目指す。

≪技術・戦術分析～攻撃編≫

1. ダイレクトプレー

決勝戦に進んだイタリア、フランスに代表されるトップクラスのチームは、最初の選択肢としてダイレクトプレー、カウンターを狙っていた。

2. シュート

どの国もシュートに対する意識が高かった。サイドの選手がカットインして利き足でない足でもしっかりとボールを捉えてシュートするなど、攻撃の幅を広げていた。

3. 効果的な攻撃のための要素

相手の守備の薄いところを突くためには、速いテンポで大きくボールを動かすことが重要。幅と厚みを効果的に利用するため、スピーディーなサイドチェンジや、前線へのくさびのパスの精度が求められる。

強豪国では、GKやCBがビルドアップに参加していた。

ボランチは守備専念ではなく、ボックス・トゥ・ボックス（自陣のペナルティエリアから相手のペナルティエリアまで、攻守両面で存在感を発揮すること）が特徴だった。

1対1の状況でも相手を抜いていける技術とスピードを兼ね備えたアタッカーが目立った。

4. モビリティー
相手の守備組織の薄いところを突くためには、スペースを自ら作り出し、使うための質の高いモビリティーが不可欠となる。

5. 技術――動きのなかでの精度
動きのなかで正確な技術を発揮することが不可欠。攻撃方向を変えるためのスクリーンをしながらのコントロールや、浮いたボールを自在にコントロールする技術など。

6. 技術――パスの質
ジダン、フアン・ロマン・リケルメ（アルゼンチン）、ルイス・フィーゴ（ポルトガル）のようなチームの攻撃の中心的な選手は、決定的なパスを出せていた。また、状況の変化をぎりぎりまで見て、そのキックを使い分けていた。

7. フィニッシュ
守備ラインを高くして守備をするチームが少なかったこともあり、GKと1対1になる場面は少なかった。中央を固められたなかではクロスからの攻撃が有効で、GKと最終ラインとの間を狙った、低くて速い質の良いクロスが得点に結びついていた。

8. まとめ
現代サッカーに必要な要素は以下の3点と言える。
・様々なポジションをこなせる選手。
・特徴のある選手でも最低限の基本。
・動きながらの技術、質の良い動きと運動量。

≪技術・戦術分析～守備編≫

1. ボールを奪いに行く姿勢

 スーパースターと言われる選手も、当たり前のようにボールを取られたら取り返していた。

2. 緻密な守備組織とそれを支える個の守備能力

 守備を要求されない選手は見当たらない。ベスト4となったイタリア、フランス、ドイツ、ポルトガルは、個人の1対1の守備力を基本とした安定した守備を行ない、守備組織の美しさや組織でボールを奪い攻撃していく守備の楽しさを示した。

3. 守備範囲の広さ

 ボールを失った瞬間、相手のカウンターを食い止めるため、前線の選手にも広い守備範囲が要求されていた。優勝したイタリアのジェンナーロ・ガットゥーゾのように、上位に進出したチームは豊富な運動量と守備能力の高いボランチを有していた。

4. ゴール前の仕事

 上位に進出したチームは相手のシュートを身体を張って防ぎ、シュートレンジでは相手のボール保持者に対して激しくプレッシャーをかけていた。

≪技術・戦術分析～GK編≫

状況別のGKプレーの今後の課題

①シュートストップ

ポジショニングの徹底。キャッチングとディフレクティングの技術と判断の向上。

②ブレイクアウェイ

・ブレイクアウェイの状況下における判断の速さ。予測能力の向上。

・1対1の状況で「すぐに倒れず」、最後までしっかり対応する。

・決断の声の徹底。GKに対するプロテクション、カバーリングの徹底も必要。

・常にGKがゲームにかかわり、GKとDFがより連携を深めることが必要。

③クロス

・クロスに対する判断の質、スピードの向上。

・パンチング技術の向上。コンタクトプレーへの強さを身につける。

・DFとの連係（状況把握、指示、コミュニケーションを図っての連係した守り）。

④セットプレー

セットプレーからの得点割合が前回大会の28％から33.3％に急増。以下が課題。

・事前準備を綿密に行なう（対戦相手の情報分析）。

・臨機応変な対応のできる選手育成（相手の攻撃を予測して、対応できる選手）。

⑤ディストリビューション（攻撃の起点となる配球）

・試合状況を考慮して、プレーの優先順位を選択する。

・キック、スローイングの正確性。

・GKがボールを保持した際のサポート、動き出しが重要になる。

⑥パス＆サポート

・状況に応じた的確な判断。

・フィールドプレーヤーとしての技術・戦術。両足でのキック、ファーストタッチなど。

3大会連続出場となったドイツW杯の頃から、日本と世界との〝特筆すべき差〟はなくなってきたと思います。ある程度の経験を積み、スカウティングやコンディショニングなどスタッフによるサポート体制も整備されたことで、地理的問題や気候に多少は左右されるものの、同じ土俵に立てるようになったのだと思います。

そんななかでピッチに目を向けると、どこかひとつを伸ばせば劇的に変わるといったものはそうそう転がっていないという段階に入ってきました。逆に言えば、「すべてのプレーの精度を向上させる必要がある」という結論に至ります。それでも大会によってトレンドがあるため、いくつかの項目を立ててはいますが、今回のロシアW杯まで、すべてをレベルアップする必要があるという流れは、変わっていません。

私はときどき、サッカーの進化を自動車に例えて説明しています。

日本の主要産業のひとつでもある自動車は、日々進化しています。

安全性を高めるエアバッグとか、経済性を保証してくれる燃費の良さなど、売りとなる項目がいくつもあり、各社より良い自動車を目指して高め合っています。

ほんの数年前に発表された革新的な装備は、各社の努力によって、数年後にはすぐに標準装備化されます。サッカーもそれと同じで、「当たり前」のレベルは年々高くなっています。

走れるのは当たり前。

判断のスピードは当たり前。

ハードワークは当たり前。

強く戦うことは当たり前……。

そうやって、どのチームも進化しているのです。

「高校選手権にスターがいない」

このところ、そんな嘆きをよく聞きます。しかし、それは全体のディマンドが上がったせいであり、レベルが上がったなかで一際輝くのは難しい、ということの裏返しではないでしょうか。スピードだけでは目立てません。当たり前のことを当たり前にこなしたうえで、しかもキラリと光る個性を発揮できる。そうすることで初めて、特別な選手となることができるのです。

ドイツW杯でも同じような状況があり、各国のレベル格差が少なくなったなかで、日本代表にはいくつかの成果と課題が見つかりました。

FIFAワールドカップ　ドイツ06　テクニカルレポート②

【成果】

日本の狙いを発揮できていた時間もある。良い時間帯では、日本のストロングポイントである組織を活かした戦いができていた。攻撃では、速い判断からボールが動き、多くの人数がボールに絡むことができれば攻撃を組み立てられていた。
守備では、ボールに対してのファーストDFが決まり、連動性を持ってプレスをかけているときは積極的にボールを奪い、切り替えの速い攻撃につながっている。
チームとしての戦い方を理解し、協調性を持って粘り強く戦うことができるのは日本の強みと言える。

【課題】

相手のプレッシャーのなかでボールを失うことが多く、攻守両面で体力的なロスが多くなり、積極的なゲームができなかった。攻守における基本的な考え方を見直す必要がある。日本人選手はゲームに必要な技術を身につけているだろうか。ゲームに必要な動きが習慣化しているだろうか。これらのことを検証し、今後につなげていかなければならない。

～攻撃～

①状況に応じたスキルの発揮
　スキルとは、ときとして厳しい状況をシンプルに打開するためにこそ重要になる。
　ボールと人が動きながら正確にコントロールする技術は不足している。

②オープンスキルとクローズドスキル
　プレッシャーが厳しくなると技術精度が低くなる。
　育成年代からプレッシャーがあるなかでプレーを正確に、そして連続して行なえることを習慣とし、ゲームのなかで有効に使えるオープンスキルのレベルを上げることが必要である。

③ポストプレー

確実にポストとしてボールを受けるFWが不足している。相手CBとボランチの両方からプレッシャーを受けるバイタルエリアで、起点となれるストライカーの育成が必要である。

～守備～

①ボールに対しての寄せ、1対1の対応

上位に進出したチームはボールに対して寄るだけでなく、奪いに行くために身体を寄せに行く守備を行なっている。チーム全体での守備意識が必要で、ボールを奪いに行く積極的な守備を育成期から習慣化していく必要がある。

②個人の守備範囲と判断力

チーム全体が高い守備意識を持ち、相手のプレーを限定するなか個人の判断と決断を磨く必要がある。いまが「奪うチャンス」と判断したら、自分のマークを外してでも積極的にボールを奪いに行く必要がある。

③100％の攻撃と守備

100％で攻撃を行ない、100％で守備を行なう。攻守両面で100％の力を出すことを徹底し、ハードワークする習慣を身につける必要がある。

≪大会トピックス≫

1. ボール

採用された「2006チームガイスト」は、より真球に近づいたことで①スピードが出る、②変化がつけやすい、③回転認知がしづらい、などGK泣かせの変化があった。

2. 戦術的柔軟性

選手層が厚く、戦術理解度が高く、相手チームの分析にも長けたチームが結果を残した。

3. ブラジルの敗退

「ボールを奪う積極的な守備意識と能力」を持たなかったことが敗因のひとつ。

4. 若手の台頭と活躍

ユース年代とA代表のしっかりとした連係があるチームでは、長期的育成のコンセプトが徹底されており、若い才能や可能性のある選手を早期に発掘できる仕組みがある。

5. セットプレー

総得点147得点のうち、セットプレーからの得点は 33. 3%にあたる 49 得点だった。

セットプレーからのシュート数

		PK	
シュート	試合数	平均	総数
日本代表	3	0	0
グループリーグ	48	0.13	12
決勝トーナメント	16	0.15	5
合計	64	0.23	17

		FK（直接）		FK（3プレー以内）	
シュート	試合数	平均	総数	平均	総数
日本代表	3	2	6	3.33	10
グループリーグ	48	1.11	107	3.58	344
決勝トーナメント	16	1.28	41	3.22	103
合計	64	1.16	148	3.49	447

セットプレーからのゴール数

		PK			FK（直接）		
ゴール	試合数	平均	総数	決定率	平均	総数	決定率
日本代表	3	0	0	0.0%	0	0	0.0%
グループリーグ	48	0.09	9	75.0%	0.05	5	4.7%
決勝トーナメント	16	0.12	4	80.0%	0.08	1	2.4%
合計	64	0.1	13	76.5%	0.05	6	4.1%

		FK（3プレー以内）		
ゴール	試合数	平均	総数	決定率
日本代表	3	0	0	0.0%
グループリーグ	48	0.33	32	9.3%
決勝トーナメント	16	0.49	5	4.9%
合計	64	0.29	37	8.3%

得点が入った時間帯				
	2006年大会		2002年大会	
時間帯	得点数	比率	得点数	比率
1分～15分	23	15.6%	25	15.5%
16分～30分	24	16.3%	19	11.8%
31分～45分	23	15.6%	25	15.5%
前半ロスタイム	3	2%	5	3.1%
46分～60分	19	12.9%	28	17.4%
61分～75分	11	7.5%	30	18.6%
76分～90分	44	29.9%	31	19.3%
後半ロスタイム	8	5.4%	3	1.9%
91分～105分	1	0.7%	2	1.2%
延長前半ロスタイム	0	0%	1	0.6%
106分～120分	2	1.4%	1	0.6%
延長後半ロスタイム	1	0.7%	1	0.6%
合計	147		161	

紆余曲折の末に実現した「ユースディベロップメントプラン」

当初は影響を考慮され握りつぶされる

２００６年8月、私は田嶋幸三さんの後を継いでＪＦＡの技術委員長に就任しました。仕事は多岐にわたりましたが、私には「どうしても実現する」と心に決めていたことがありました。

Ｕ－20日本代表コーチとＪＦＡユースダイレクターを兼任し、日本の中心となる現場指導者を集めた「ユース強化育成部会」を主催していた２０００年から２００１年にかけて必死に作成した、『ユースディベロップメントプラン』をさらにブラッシュアップした形で実行に移すことです。

日本サッカーの構造を抜本的に変革することになるこのプランは、作成当時、影響の大きさを懸念した一部の幹部に握りつぶされてしまったのです。

度重なるディスカッションを経て作成に辿り着いた「ユースディベロップメントプラン」が、審議にかけられることもなく葬り去られたのは屈辱でした。技術委員長を引き受けるからには、積年の思いを晴らすという覚悟がありました。

城福浩さん、布啓一郎さん、上間政彦さん……。会議が終了した後でも一杯やりながらトコトン議論を重ね、当時「絶対にムリ」と言われながらも力を合わせてなんとか練り上げたプラン。当時は押しつぶされましたが、後に、全国のサッカーを愛する人々の協力を得て実現してこれたのは、本当に嬉しい限りです。

２００１年当時は日の目を見ることがなかった「ユースディベロップメントプラン」が、いま私の手元にあります。

「ＰＲＯＴＯＴＹＰＥ（プロトタイプ＝原型）」と赤く印字された冊子です。

『ＪＦＡユースディベロップメントプラン』――未来に輝く日本サッカーのために――は、次のようにまとめられています。

《はじめに》

アジアのなかで安定した力を発揮できるようになってきた日本が、世界との差を縮め、世界と肩を並べるためには、いままで以上の努力が必要になる。ユース強化育成部会のコンセプトは以下の5点で表現できる。

・日本独自の育成システムの構築　NO　COPY!
・組織、種別の枠を越えたマクロ的視点、発想
・理想の姿から導き出す抜本的改革
・日本が元来持っている良さは失わない

・Players First!

これは固定概念にとらわれず様々な議論が出てきて欲しいが、その議論が行き詰まったら、必ず立ち戻れる場所をはじめに作っておこうということで設定したものです。

これらはすべて、現在の強化の流れにも通じるところではないでしょうか。

≪ユース育成憲章≫

①グラスルーツ

日本サッカー全体の発展を最終目標に、スポーツ活動の文化的価値を認識し、すべての愛好者に開かれ、様々な指向に応えるべく、普及・育成・強化にあたる。

②平等の概念

すべてのプレーヤーにプレーできる機会を提供することを原則とし、個々の能力に応じてサッカーを楽しめる環境、能力に応じた指導を受けられるように。

③長期的視野　最終的勝利

ユース年代の育成・強化は、長期的視野に基づき「目先の勝利」よりも発育発達を考慮した「最終的な勝利」すなわち、完成期におけるピークパフォーマンス達成を重視する。

そのためには、プレーヤーにとって障害となることは、取り除いていかなくてはならない。

④一貫指導

単一組織内に留まらず、たとえチームが変わろうとも、プレーヤーの成長をメインの軸とした一貫指導が達成されるよう、日本全体として取り組んでいく。

⑤種別・組織を越えて

これらを実現するために、種別、組織の枠を越えて、ユース部門に携わるすべての者が協力体制を築き、他のスポーツ競技団体、関係組織にも積極的な働きかけをしながらスポーツ全体の発展に寄与する。

いま聞いたら驚くかもしれませんが、当時は高体連や中体連のチームとクラブチームはそれぞれ独自の大会を行い、それぞれが公式戦でまじわることはなかったのです。また四種年代（小学生）、三種年代（中学生）、二種年代（高校生）の指導者がまじわることも少ない時代でした。縦／横を隔てている垣根を取り払おうという動きは、後に非常に大きな意味を持つことになってくれました。例えば絶対に動かせないだろうと言われていた国体少年の部は、U‐18からU‐16に変更することができました。それによって中学の先生､高校の先生､クラブの指導者が協力し合って「地域」という枠組みのなかで選手を育てていくことにつながっていったのです。

垣根を取り払って長期一貫指導体制を日本全体として築き上げていかなくてはという強い信念がありました。

ユース育成の6つの問題点

チャプター1では、日本におけるユース育成の歩み（世界における日本の位置、国内競技大会の充実ぶり、世界との距離感の克服＝世界大会をスタンダードとした強化、代表強化だけでなくユース育成、指導者養成の三部門が共有する三位一体の強化策）を紹介しました。

またユース育成に関わる問題点として、以下の6点をあげました。

1. スケジュールのアンバランス
（小学校高学年から高校終了までを見ると、過密スケジュールと活動のない時期の差が激しい）

2. 暑熱下及び過密日程大会に起因するトレーニングへの影響
（生理的、心理的に不適切な負担で、怪我やバーンアウトの危険性が高まる）

3. トーナメント主体のシーズンによる弊害
（課題へのチャレンジを避けることで、克服の機会を失う。敗戦から学ぶことの欠如）

4. 種別、連盟等の枠組み、及び登録制度からくる天井効果
（種別、連盟の枠組みがあるためチャレンジできる環境がなく、「お山の大将」を生みやすい）

5. 世界大会に合わせた代表強化による狭間世代
（世界大会が2年おきにあるため、その年に当たらない世代の強化が疎かとなる傾向がある）
6. 育成よりも目先の勝利に走りやすい指導・育成環境
（育てるよりも勝つことが、指導者にとってははるかに魅力的な現状がある）

チャプター2では、フランス、イングランド、ブラジルなど諸外国の育成状況を紹介しました。そこで結論づけたことは、我々日本には他のどの国にも見られない良さがあるということ。その良さに自信を持ち、「日本独自のシステム」を構築する必要があるということでした。

「JFA2005年宣言」の実現に向けた「ロードマップ」

チャプター3では、浮き彫りになった問題点を解決するためのプロジェクトを紹介しました。以下の8点が、具体的なプランです。

1. 大会のガイドライン設定
①発育発達段階に応じた試合形式の設定
（時期により身体の大きさが異なるため、ピッチの広さ、試合時間、ゴールサイドなどを考える）

②全国大会につながる大会のガイドラインの設定
（暑熱下、過密日程の大会実施を再考し、ナイトゲームなどを推奨する）
③ＧＫのローテーション
（小学生年代からＧＫを固定せず、多くの選手にフィィールドもＧＫも経験させる）
④Ｕ－12における8対8の導入
（ボールに触れる機会を増やし、自分で判断して表現できるプレーヤーを育てる）

2．リーグ戦の導入
一発勝負のトーナメントとは異なり、リーグ戦には以下のメリットが存在する。
①リスクにチャレンジできる。
②余裕を持ったチーム作りができる。
③大会をとおして試合－練習－試合のサイクルで、トライや課題の克服ができる。
④怪我や不調のある選手に回復時間を与えられる。
⑤試合－練習－試合のサイクルが指導者のレベルアップにつながる。

3．トレセンシステムの充実
チームによる強化とトレセン活動による強化の時期をすみ分ける。地域全体で選手を育てる。年齢区分をＦＩＦＡと統一し、代表チームとのリンクを図る。

4．継続した代表チームの強化

大会敗退を受けて強化を打ち切るのではなく、継続した強化で狭間の年代をなくす。

5. 年間スケジュールの整理

①過密スケジュールの緩和と過疎スケジュールの充実。

②チーム強化とプレーヤー強化（選抜系）のすみ分け。

6. 国体の活性化とU‐16への移行

選手育成強化の原動力である国体を重視して、一層の活性化を図る。スケジュールが過密なU‐18ではなく、U‐16に移行する。

7. 育成評価システムの構築

種別にとらわれない育成評価システムを確立する。「育てる」ことの価値を高めるために、①代表選手を育てた指導者へキャップと感謝状を贈呈する、②代表の試合プログラムには、出身クラブを少年期から記載する。

8. 種別・組織の枠を越えた活動の推進

「プレーヤー」「日本サッカー」という視点に立った活動を推進する。

①登録制度・大会参加資格の見直し

②全日本ユース（高円宮杯）の充実

③サテライトリーグの効果的活用

④ユース育成に向けた連携

⑤三位一体の強化策の推進

ただし、これらのプランを実行に移すのは簡単ではありませんでした。それまで長年にわたって実行されてきたシステムがあり、そこに関与する人々がいて、人間関係や既得権益が生じている枠組みを変えようというのですから、ムリもありません。

結局いくつか実現できたものはあれど、全体像として完成するには次のステージを待たなくてはならないことになりました。

ただ、技術委員長として再び育成改革の場に返り咲いた今回は、当時と大きく異なる環境がありました。それが先に紹介した川淵三郎さんが旗振り役を務めてくれた「2005年宣言」です。多くの抵抗に遭ったユースディベロップメントプランも「2005年宣言達成のため」という旗印のもと進めていけるかもしれない。

そう思って、当時のユースダイレクター布啓一郎さん、指導者養成ダイレクターの眞藤邦彦さんなどとともに着手したのが「JFA2005年宣言」の実現に向けた「ロードマップ」です。2007年に出した「ロードマップ」のなかでは、①キッズ、U-12年代、②トレセン改革、③JFAアカデミー、④指導者養成、⑤ゲーム環境について、より具体的なプランが立てられました。

目指す姿を全体像として捉えて、そこから逆算して物事を進め、方向性の共有を図りつつ、5つの姿に集約していきました。

1. 競技環境：リーグ戦文化の定着
リーグ戦文化が定着し、拮抗した競技環境での切磋琢磨から選手が育つこと。

2. 拠点整備：さまざまな活動の核として
各地域の拠点が整備され、トレセン活動、指導者養成などが展開され、発進されること。

3. U‐12年代の重要性の認識／浸透
基礎を築くU‐12指導の重要性が認識され、子どもたちの指導環境が整備されていること。

4. キッズ年代の充実
全国の子どもたちがスポーツと出会い、親しみ、基礎を築くこと。

5. トレーニング環境：指導者の質の向上
育成年代の選手たちが質の高い指導を受けられるよう、指導者の質を上げること。

「JFA2005年宣言」を実現するためには、全国各地でサッカー指導に携わる方々の協力が欠かせません。とりわけ、まだまだ少年団の多いジュニア年代はボランティアの指導者が大半で、その労力や負担は計り知れないものがあります。

しかし、そうした現状を理解しながらも、困難な壁を前に二の足を踏んでいては、子どもたちを取り巻く環境は決して良くなりません。

実現のために運命共同体として結束

キッズに対する取り組みは、ワールドカップの自国開催を受けて始まりました。U‐12へと至る前の段階（U‐6、U‐8、U‐10）、いわゆる小学校低学年に該当するこの年代の子どもたちには、サッカー、スポーツと良い出会いをし、身体を動かすことが好きになってもらう必要があります。

キッズ年代の目標としては、大きく以下の2つを掲げました。

1. 小さい頃から身体を動かして、サッカー、スポーツに親しみ、成長に適した刺激を受けることで、生涯にわたりスポーツを愛する人を増やすとともに、心身ともに健康でコーディネーションに優れた子どもたちを日本全国で増やすこと。
2. ゴールデンエイジ前の準備として、左右の足でボールを自由自在に扱うことができるようになった状態で、U‐12以降の育成をより充実させることができるようにする。

育成を突き詰めると、下の年代で良い準備ができているかどうかが重要になります。しかし、それはあくまで「年齢、成長に即した」準備でなければならず、子どもにより個人差があることも忘れてはいけません。

小学校6年生にあたるU-12年代は、個人としてのベース作りを完成させるU-13、U-14の前段階として、重要な準備期間になります。以前より「ゴールデンエイジ」という概念があり、技術習得に有利な特別な期間ということで重視されてきました。改めて、その認識を広めながらレベルを上げる必要があると考えています。

JFAではこれまで、U-12指導の向上、トレーニング環境の整備、試合環境の改善を目的に、以下の取り組みを進めてきました。

・ナショナルトレセンU-12を9地域開催へ
従来は全国1カ所での開催だったが、より多くの才能にチャンスを与えるために9地域ごとの開催に変更。

・C級指導者養成カリキュラム改訂
U-12年代の指導を内容とした、公認C級コーチ・ライセンスのカリキュラムを見直した。現代サッカーのトレンド、日本サッカーが目指すべき方向性を明らかにして、そのためにU-12年代でしておくべき準備を念頭に置いた。

・A級U-12を新設
育成年代の指導者もその道のスペシャリストとしてリスペクトされる環境を創り出したい。

そのためU‐12年代を特別な時期と重視し、公認A級コーチU‐12養成講習会を新設。
・U‐12指導方針作成（2004年、2007年）
2003年より、キッズU‐6をはじめ、2歳刻みで年代別指導指針を作成。
・U‐12年代での8対8の推奨
U‐12年代でサッカーを学ぶのに、より適している8対8でのゲームを推奨。
・キッズ～U‐12年代でのグリーンカードの推奨
フェアプレーをポジティブに捉え、グリーンカードを作成。ジュニア年代の試合において、レフェリーに提示を推奨してきた。

2015年と2050年の約束は、漠然とイメージしているだけでは実現できません。単なるシンボルとするのではなく、「ロードマップ」という形で実現の方法を具体的にイメージすること。そして、その大きなムーブメントのなかで前回成し遂げることのできなかった育成改革を、今回こそ実現していこうというのが大きな狙いでした。

実際、「2005年宣言」なくして、多くの改革の実現はなかったと思います。2005年の段階での「重大な宣言」、2006年に私の技術委員長への抜擢。

川淵三郎さんの視野にはすべての先の絵が見通されていたのではないかと思えてなりません。

もちろん今回とて、多くの抵抗があったことには変わりません。私自身も、地域に説明に行っては多くの反論や批判を受けましたし、同じように各県のユースダイレクターも、地元でボロクソに叩かれたと聞きました。

そんなとき、私はこう言いました。

「みんなでサンドバックになりましょう」

日本の育成年代が問題を抱えているのは明らかで、この問題を次の世代に先送りにすることはできません。誰かがバカにならないと……。

「泥をかぶる仕事を、俺たちが買って出ましょう」

様々な議論を重ねに重ねていって、そろそろ機が熟したかなと感じた頃、47都道府県のユースダイレクターはじめ、林義規さん、平清孝さん、上間政彦さんはもとより、大野聖吾さん、樋口士郎さんといった中心となるメンバーを集めて研修会を持ちました。

そのときはこちらも肚を括って臨みました。集まってくれた人々の協力なしには絶対に実現できないとわかっていたからです。

「100年の歴史のなかで、誰かがやらなければ成し遂げられません。もちろん非常に大変なことですから、『次の世代、頼むよ』と投げる選択肢もあります。ただどこかの世代がやらなければならないんだったら、我々が買って出ませんか。無理にとは言いません。降りるという人は降りていただいて構いません。その方は静かにこの部屋から出て行っていただいて結構です。お互

第3次ユース強化育成部会	
プロジェクトリーダー	小野　剛
ユースダイレクター	布　啓一郎
メンバー	眞藤　邦彦
	西村　昭宏
	林　義規
	上間　政彦
	吉田　靖
	平山　隆造
	柏　悦郎
	飽田　敏
	小幡　忠義
	山出　久男
	綾部　美智枝
	加藤　孝俊
	福間　秀憲
	松本　吉英
	稲田　時男
	冨田　冬男
	福井　哲
	星原　隆昭
事務局	島田　信夫
	渡辺　真人

いそれに対しては文句は言わないようにしましょう」

……極度に張り詰めた空気のなか、1分くらい待ちました。……誰も出て行きません。

「じゃあ、ドアを締めます。もう、ここにいる我々は運命共同体、一蓮托生です。この大きな改革をすべて、各県で必ず成し遂げましょう」

多くの方々の努力が各地域の情熱ある指導者を巻き込んでくれ、いくつかの大きな改革を敢行することができました。

同士とも言える当時のメンバーが集まると、よくこう叩かれます。

「あのときは本当に大変だった。半分タケシにダマされたようなもんだ（笑）」

「でもそのおかげで、いまがあるな」

もちろん、育成のシステムが100パーセント満足できるものになったわけではありません。もう一段環境を変えて、レベルアップを図らない限り、国際的な競争に勝てないことはわかっています。それでも、ある程度の枠組みを築くことはできたのではないかと思っています。これから先も一つひとつ大変な作業になるとは思いますが、力になってくれた当時の指導者の熱さを忘れないように進んでいければと思っています。

【2010W杯南アフリカ大会】

「受けなきゃいけない仕事だと思っている」

２００７年11月、ＪＦＡの技術委員長をしていた私は、イビチャ・オシム日本代表監督が病に倒れられたという報告をタイで聞きました。Ｕ‐16日本代表と遠征に出ていたためです。

なんとか病状は回復したものの、家族の思いも考えると、あの過酷な戦場に再び送り出すというのは無理であることは一目瞭然でした。さらにワールドカップ予選を目前に控え、一刻の猶予もない状況で、すぐに後任を探すことになりました。

技術委員会のなかに位置づけられている小委員会を招集して、次期監督候補を5名ほどリストアップしました。次期監督の選考は３６５日休みのないミッションです。不測の事態が起こってから動くようでは、空白の期間ができてしまいます。そうならないよう、常に準備を進めておく必要があるのです。

５人の候補者全員に話を振るわけにはいかないので、優先順位をつけて、ひとりずつ当たっていくしか方法はありません。もちろん、それが2人目、３人目となったとしても、「ぜひ、いまの日本代表をあなたに託したい」という気持ちを伝えます。

第一候補が岡田（武史）さんでした。

実は、正式にお願いする1週間ほど前にも会って一杯飲みながら、いろいろ話をしていました。その際、岡田さんは「代表監督ほど割に合わない仕事はないよな。もう絶対やんねぇよ」と言っていました。フランスW杯のとき、岡田さんが味わった代表監督のツラさを間近で見ていたので、そのときは「そうですよね」なんて笑って頷いていたような気がします。

「大きく開いたワニの口に、頭を突っ込みたいヤツがいるか?」

アーセン・ベンゲルは、代表監督を依頼されたとき、そう言って断ったと言っていました。

ところが、小委員会を経て、技術委員長である私の口から、正式に岡田さんに依頼する必要がありました。タイ遠征から緊急帰国することになったとき、私は岡田さんしかいないだろうと漠然と思っていたので、「近日中に食事でもしながら話す機会を持ってもらうかもしれません」と伝えていましたが、それが現実となったのです。

川淵三郎サッカー協会会長（当時）には、責任を持って人選してくれと言われ、その通りに「（監督人事は）小野に任せてある」と発言されました。その瞬間から私はそう簡単には身動きが取れない状況に陥りました。マスコミ関係者が待機する自宅を避け、ホテル暮らしで育成等の他の仕事もそこを拠点に行うことを余儀なくされたのです。

岡田さんも、「お前と一緒に外で飯食ってたら大変だろ」と、そのホテルの一室に来てくれました。

下手な第一句で始めようものなら、話を聞いてもらえないという危機感がありました。条件面の話をしてもしょうがない。まずは、自分の熱い気持ちを伝えようと思いました。

みんなの努力で築いてきた日本代表であること。人選をひとつ間違えると、前任者の色を叩き壊し、これまでの積み重ねも失ってしまうこと。日本サッカーを熟知して、日本サッカーのために全力を注げる方にお願いしたいという思い。それらを伝えました。

「日本サッカーのために」

それが、キーワードでした。

「これまで、先人の方々がみんなで汗をかいて築き、さらにＪリーグを立ち上げて、ワールドカップの扉を初めて開いて、そしていま予選が始まろうとしています。だから、なんとかバトンを繋ぎたいんです。今日、結論を言わなくて結構です。ちょっと考えてもらえますか？」

そんなことを言ったような気がします。

「受けなきゃいけない仕事だと思っている」

次に会ったとき、岡田さんがそう言ってくれたときはホッとしました。

客観的な立場から〝岡田ジャパン〟をサポート

岡田監督が率いた日本代表は、２００８年2月に始まった南アフリカＷ杯アジア３次予選を首位で通過。最終予選に駒を進めました。

最終予選、日本はオーストラリア、バーレーン、カタール、ウズベキスタンと同じグループAとなりました。当然、簡単に勝てる相手などいません。

2戦目でウズベキスタンと、4戦目ではオーストラリアと引き分けに終わった日本は、苦しみながら迎えた6戦目、それでもアウェイのウズベキスタン戦で4大会連続となるワールドカップ出場を決めました。前半9分、こぼれ球を頭で押し込んだ岡崎慎司のゴールは、みんなの執念が形になったのだと思います。

しかし、ワールドカップイヤーが幕を開けた2010年1月、私はJFAを離れ、TDO（テクニカル・ディベロップメント・オフィサー）というFIFAの職に就くことになりました。これは、選手や指導者の指導から、各国のディベロップメントプランの作成やそのフォローまで、幅広い活動が要求されるもので、FIFAでも人材を探すのがなかなか容易でなかったポジションでした。それまでもFIFAではインストラクターとしてパートタイム・ベースで働いていたのですが、今回はFIFAの方からフルタイムでやってほしいと頼まれたのが直接の理由です。さらに、前年に実施されたJFAの組織変更で代表強化と育成は完全に切り離され、これまでの「三位一体の強化」とは異なる方向性になったことも理由のひとつでした。

ただミッションとミッションとの間は比較的自由に活動できたので、その後は、JFAではなくフリーの立場として日本代表にも関わるようになりました。

〝岡田ジャパン〟に少しでも役立ちたいという思いから、それまでに貯めたマイルを利用して、カメルーンやオランダの視察に行きました。日本代表のキャンプ地、スイスのザースフェーにも当然ですが自腹で足を運びました。

岡田さんとは絶えず連絡を取っていましたが、それでも、ＪＦＡの人間ではなくなった自分が関係者以外出入り禁止のホテルやスタジアムに入り、チームを助けることができたのは、大仁（邦彌）さんなどが「岡田をサポートしてやってくれ」と、男気で側面サポートしてくれたおかげです。

そうして本大会に臨んだ〝岡田ジャパン〟は、南アフリカの地で低かった前評判を覆す躍進を見せてくれました。

セルビア（０－３）、韓国（０－２）、イングランド（１－２）、コートジボワール（０－２）を相手に４連敗を喫するなど、直前のトレーニングマッチの結果がよくなかったこともあって、大会前、岡田さんに対する風当たりは相当強まっていました。

一部のメディアではかなり辛辣な言葉もあり、岡田さん自身、何度か嫌な気持ちになったこともあったようです。初出場した１９９８年のフランスＷ杯のときより「ずいぶんいい」とは言っていましたが、それでも「外国人監督にも、ああいう聞き方をするかな？」と、何度かボヤいていました。

Ｊリーグのチームを見てもそう感じますが、必要以上にリスペクトしてしまう外国人監督とは違って、自国の監督は叩きやすい面があるのでしょう。もっとも、これは日本に限ったことでは

りません が。

〝岡田ジャパン〟は初戦でカメルーンを破り、続くオランダ戦では力負けしたものの、グループリーグ最終戦でデンマークを3－1でくだして決勝トーナメントに進みました。ベスト8を懸けたパラグアイとの一戦は、PK負け。勝てるチャンスのある惜しい試合でしたが、それでも大方の予想をいい意味で裏切る快進撃だったのではないでしょうか。

自分が一番喜んだとは言えませんが、監督をお願いした岡田さんが結果を残してくれたことに感謝しつつ、かなり嬉しかったと言えます。

自国開催だった2002年とは異なり、アウェイで実現したベスト16進出は、日本サッカーにとって大きな価値があったと思います。

ワールドカップ期間中、私は現地には行かず、日本で解説の仕事などをしていました。ただ、岡田さんとは毎日のように連絡を取り合い、チームの状況などを話していました。

選手のコンディションはどうか、チームの雰囲気はどうか、怪我人の回復具合は？　どう戦おうか……後からスタッフに聞いた話ですが、「タケシさんと話しているときがリラックスできる感じでしたよ」と言っていました。

これは岡田さん自身も言っていますが、初めてのワールドカップのときとは違って、精神的にかなり余裕があったようです。

選手たちは怯むことなく、堂々と戦っていました。対戦相手の良さを消すことで、自分たちの

2010W杯南アフリカ大会　日本代表戦績／ベスト16

pos.	No.	選手名（所属）	出場数	得点	第1戦	第2戦	第3戦	ベスト16
			日付		6月14日	6月19日	6月24日	6月29日
			対戦相手		カメルーン	オランダ	デンマーク	パラグアイ
					○ 1-0	● 0-1	○ 3-1	● 0（3PK5）0
GK	1	楢崎正剛（名古屋）	0	0				
	21	川島永嗣（川崎）	4	0	○ 90	○ 90	○ 90	○ 120
	23	川口能活（磐田）	0	0				
DF	3	駒野友一（磐田）	4	0	○ 90	○ 90	○ 90	○ 120
	4	田中マルクス闘莉王（名古屋）	4	0	○ 90	○ 90	○ 90	○ 120
	5	長友佑都（FC東京）	4	0	○ 90	○ 90	○ 90	○ 120
	6	内田篤人（鹿島）	0	0				
	13	岩政大樹（鹿島）	0	0				
	15	今野泰幸（FC東京）	1	0			▲ 2	
	22	中澤佑二（横浜M）	4	0	○ 90	○ 90	○ 90	○ 120
MF	2	阿部勇樹（浦和）	4	0	○ 90	○ 90	○ 90	▽ 81
	7	遠藤保仁（G大阪）	4	1	○ 90	○ 90	▽ 91 ①	○ 120
	8	松井大輔（グルノーブル／FRA）	4	0	▽ 69	▽ 64	▽ 74	▽ 65
	10	中村俊輔（横浜M）	1	0		▲ 26		
	14	中村憲剛（川崎）	1	0				▲ 39
	17	長谷部誠（ヴォルフスブルク／GER）	4	0	▽ 88	▽ 77	○ 90	○ 120
	18	本田圭佑（CSKAモスクワ／RUS）	4	2	○ 90 ①	○ 90	○ 90 ①	○ 120
	20	稲本潤一（川崎）	2	0	▲ 2		▲ 1	
FW	9	岡崎慎司（清水）	4	1	▲ 21	▲ 13	▲ 16 ①	▲ 55
	11	玉田圭司（名古屋）	2	0		▲ 13		▲ 14
	12	矢野貴章（新潟）	1	0	▲ 8			
	16	大久保嘉人（神戸）	4	0	▽ 82	▽ 77	▽ 88	▽ 106
	19	森本貴幸（カターニャ／ITA）	0	0				

○＝フル出場、▽途中交代、▲途中出場、数字は出場時間、丸数字は得点

2010W杯南アフリカ大会　JFAテクニカルスタディグループ	
西村　昭宏	技術委員会委員長（育成担当）
吉田　靖	ナショナルトレセンコーチ／サブユースダイレクター
大野　真	ナショナルトレセンコーチ／指導者養成ダイレクター
山橋　貴史	ナショナルトレセンコーチ・北海道担当
池内　豊	ナショナルトレセンコーチ・東海担当
足達　勇輔	ナショナルトレセンコーチ・東北担当
木村　康彦	ナショナルトレセンコーチ・北信越担当
猿澤　真治	ナショナルトレセンコーチ・四国担当
塚田　雄二	ナショナルトレセンコーチ／指導者養成担当
眞藤　邦彦	ナショナルトレセンコーチ／指導者養成担当
島田　信幸	ナショナルトレセンコーチ／JFA アカデミー福島
中田　康人	ナショナルトレセンコーチ／JFA アカデミー福島
川俣　則幸	ナショナルトレセンコーチ／GK プロジェクト
須永　純	ナショナルトレセンコーチ／JFA アカデミー福島／GK プロジェクト
慶越　雄二	GK プロジェクトメンバー
小林　忍	
望月　数馬	
尾形　行亮	
井上　祐	
柳楽　雅幸	
前田　信弘	
佐々木　理	
河野　和正	
加藤　寿一	
阿江　孝一	
吉田　明博	
岸本　浩右	
岩永　健	
小野　剛	協力
今井　純子	テクニカルハウス
原田　貴志	
田島　一樹	
片桐　央視	
二階堂　悠	アシスタント／筑波大学大学院
大島　琢	アシスタント／筑波大学大学院
渡邉　大	アシスタント／筑波大学

良さを存分に出すことにもつなげていました。とりわけデンマーク戦は完勝と言える内容で、イングランドのメディアが「日本が素晴らしいプレーを見せている。まるでロールスロイスのようなサッカーだ」と報じていたのが印象的でした。

ベスト16入りも個人の能力・対応に課題

南アフリカW杯のあと、ＪＦＡテクニカルスタディグループがテクニカルレポートを作成しました。すでに私はＪＦＡを辞めていましたが、協力という形でその作成に加わり、その後大分で行われたフットボールカンファレンスでは、岡田さんとの対談の形で、チーム戦略から、チームマネジメントに至るまで、ビデオを使いながらワールドカップの舞台裏の話をすることになりました。

テクニカルレポートの概要は、次のとおりです。

FIFAワールドカップ　南アフリカ10　テクニカルレポート

≪大会全般≫

1. 大会の特徴

①先制点の重要性

先制点をあげたチームが勝利したゲームは64試合中44試合。反対に先制したチームが逆転負けした試合は4試合だけだった。勝利のためには先制点が極めて重要で、逆転は困難である。

②初戦の重要性

決勝トーナメントに進んだ16チーム中8チームが初戦で勝利している。引き分けたチームが7チーム。初戦で負けながら決勝トーナメントに進んだチームは、わずか1チームだった。

③新世代プレーヤーの台頭

今大会では23歳以下の選手が123人登録され、活躍、飛躍した選手が多かった。ベストヤングプレーヤーに選ばれた20歳のトーマス・ミュラー（ドイツ）は得点王も獲得した。

④総得点は145ゴール

前回大会より2点少ない。オープンプレーからの得点は110ゴール。セットプレーからの得点は35ゴール。セットプレーからの得点の割合は24%で、これまでの大会と比べるとかなり減少している。その理由としては、守備組織が強固になったことなどがあげられる。

⑤ゲームはよりテクニカルに、スピーディーに、そしてタフに

優勝したスペインをはじめ強豪国の選手はボールを失わない技術がしっかりしている。

攻守の切り替えの速さ、パススピード、判断の速さなど、攻守の加速化が進んでいる。

中盤の選手は1試合平均11kmほど走るなど、ハードワークが求められる。

2. スペインの初優勝が意味するもの

優勝したスペインは、すべてのゲームで相手よりもボール保持率が高く、

ゲームの主導権を握っていた。スペインのベースには選手個々の質の高いテクニックと個人戦術がある。そうしたサッカーは短期間で作り上げたものではなく、育成年代からの長期的な積み上げの成果である。

≪技術・戦術分析～攻撃編≫

カウンターでの攻撃傾向が強かった4年前と比べ、カウンターをさせない「攻撃から守備への切り替え」は当たり前で、前線の守備意識もさらに徹底されていた。カウンターだけに頼らず、ポゼッション主体の攻撃が効果的な試合運びを可能にしていた。

攻撃と守備の一体化、切り替えという概念の進化が見られた大会だった。以下が、今大会で見られた攻撃面の特徴。

1. 相手の守備が整う前の速い攻撃

・守備から攻撃にスピーディーに移っていくための要素

①スプリント

前線の選手も、次の攻撃のためにスプリントして相手ボールを奪いに行く意識があった。

②予測とタイミング、パスの質

相手ボールを奪った瞬間に先手を取り、速い動き出しに合わせた高精度のパスも見られた。

③奪ったボールをすぐに失わないスキルとサポートの質

奪ったボールを失わないための個人スキル、サポートの意識があった。

2. 守備意識の高まり、そのなかで強固な守備組織を崩すための攻撃

①どこからでも攻撃できる多彩さ

相手に守備組織を作られたとき、中央やサイドから多彩な攻撃を仕掛ける必要がある。

②サイドバックの攻撃参加

人数をかけて攻撃しないと相手の守備組織を崩せない。SBの攻撃参加が効果的。

③センターバックのビルドアップ能力

中盤の選手ではなく、CBが先手を取って攻撃を始められるかどうかが鍵となる。

④左右、前後のポジションチェンジ

強固な守備でスペースを消されたときは、自らスペースを作り出す動きが重要になる。

⑤ゲームを組み立てるための要素

a. 個人・グループでボールを失わない要素

ボールを失わない持ち方、選択肢の多さが求められる。サポートの質も大切。

b. ミドルレンジのパスの質

後方からのくさびの質、サイドチェンジの質が攻撃のスピードアップに影響する。

3. 決定力

①個人の突破力を利用した攻撃→ゴール前の選択肢を増やしバイタルエリアを攻略

ゲームを決める得点力のある個を擁することが大きなアドバンテージとなる。

②2列目からの飛び出しによる突破→スペースにタイミングよく走り込む長い距離の動き

相手の守備ブロックを破るモビリティーが必要不可欠。2列目からの飛び出しが有効。

③ミドルシュートの意識と質→ゴール前の守備が強固になっているからこそ効果的

相手の守備ブロックを破るミドルシュートが効果的。リバウンドからの得点も多い。

④セットプレーでの得点

全得点の 24%がセットプレーから。優秀なキッカーが相手チームの脅威となる。

⑤決定力を支える要素

a. シュートの意識

常にゴールを決める気持ちでプレーする。シュートのためのポジション取り。

b. シュートの技術

プレッシャーがあるなか、瞬間的に正確なシュートを打てる技術が必要。

c. 相手DFの背後を突く動き出しのタイミングとピンポイントパスの質

限られた時間とスペースで得点を奪うためには、動き出しとパスの質が不可欠。

d. クロスの質

相手の守備が整う前のアーリークロスが有効。正確なクロスが得点につながる。

e. ドリブル、壁パスでのバイタルエリアの攻略

強固な守備ブロックを破るためには、個の突破だけでなく数人が絡む攻撃が有効。

f. セットプレーでのキッカーの質

相手のプレッシャーを受けずに蹴れるセットプレーは、得点を生む重要な局面。

≪技術・戦術分析～守備編≫

1.「攻撃のための守備」と「守備を考えた攻撃」

①攻撃の厚みが守備の厚みを形成している

厚みのある攻撃をすれば、ボールを失ってもすぐにプレッシャーをかけに行ける。

②ＦＷの守備意識の高さ＝遅らせるではなく、奪いに行く意識が高くなった

ＦＷは単に相手を遅らせるだけでなく、奪い返して二次攻撃につなげるために守備をする。

③複数のポジションをこなせる「個」の判断

質を落とさず試合を運ぶためには、複数のポジションをこなせる“個”の存在が重要。

④ＣＢ＋アンカーが強固

２人のＣＢとアンカーが強固な守備トライアングルを作っていた。

2. 強固な守備ブロック

①「ボールを奪う守備」「ゴールを守る守備」

高い位置でボールを奪いに行くだけでなく、自陣に強固な守備ブロックを敷く判断も必要。

②連続したボールへのプレッシャー

ファーストDFに続き、後方の選手が次々にプレッシャーをかけ続ける連係が重要。

③ゴール前の守備

前線や中盤でボールを奪えないときは、強固な守備ブロックを作って守ることも不可欠。

≪技術・戦術分析～GK編≫

状況別のGKプレーの今後の課題

①シュートストップ

ポジショニングの徹底。キャッチングとディフレクティングの技術と判断の向上。

②ブレイクアウェイ

・ブレイクアウェイの状況下における判断の速さ。予測能力の向上。

・1対1の状況で「すぐに倒れず」、最後までしっかり対応する。
・決断の声の徹底。GKに対するプロテクション、カバーリングの徹底も必要。
・常にGKがゲームにかかわり、GKとDFがより連携を深めることが必要。

③クロス
・クロスに対する判断の質、スピードの向上。
・パンチング技術の向上。コンタクトプレーへの強さを身につける。
・DFとの連係(状況把握、指示、コミュニケーションを図っての連係し守り)。

④攻撃参加
・ディストリビューション(攻撃の起点となる配球)。
・試合状況を考慮して、プレーの優先順位を選択する。
・キック、スローイングの正確性。
・GKがボールを保持した際のサポート、動き出しが重要になる。
・パス&サポート。
・状況に応じた的確な判断。
・フィールドプレーヤーとしての技術・戦術。両足でのキック、ファーストタッチなど。

≪セットプレー≫

①コーナーキック
守備を崩すため、多彩なバリエーションが見られた。特にショートコーナーが効果的だった。

②フリーキック
今大会、FKからの得点は18点。日本は世界に通用する精度の高いキックを見せた。

③スローイン

素早く始めることで、守備の一瞬の隙を突くことができる。守備側はリスク管理が必要。

④ペナルティーキック

今大会、PKは15本中9本が得点となった。成功率は前回の76・5%から60%に減少。

≪日本代表総括≫

①カメルーン戦

しっかりとした守備から入り、チャンスがあれば得点を奪いに行くゲーム運び。序盤は思うようなボールの奪い方ができなかったが、遠藤保仁が相手の中盤の起点をうまく消し、ボールを奪えるようになった。松井大輔のドリブルが相手の守備網を混乱させていた。39分に本田圭佑が先制点を奪い、後半はサミュエル・エトーの個人技からピンチを迎えるなど押し込まれる展開が続いたが、1－0で逃げ切れたのは前回ドイツ大会初戦の経験が生きたのではないか。

②オランダ戦

中盤やや低めにコンパクトで強固な守備ブロックを作り、オランダにスペースを与えず集中守備で対抗した。前半は0－0。後半開始早々、ウェズレイ・スナイデルに決められて0－1。リードを許した日本は遠藤、長谷部誠を中心に中盤を組み立て、ゴール前にボールを運ぶものの、ペナルティエリア近辺のプレー精度を欠き、決定的チャンスを作れない。中村俊輔、玉田圭司、岡崎慎司を投入して攻撃力を高めようとしたが、オランダの強固な守備を崩せなかった。

③デンマーク戦

引き分ければ1次リーグ突破の状況での最終戦。1、2戦目と違い、より攻撃的な戦い方を見せた。本田の1トップの下に大久保嘉人を置き、その下に中盤4枚（長谷部、阿部勇樹、遠藤、松井）を並べた。序盤にピンチを招いたことで、中盤の中央に長谷部、阿部、遠藤、右に松井、左に大久保に配置変更。守備が安定し、効果的な攻撃ができるようになった。その後は全員攻撃、運動量という長所を生かし、本田と遠藤のＦＫ、岡崎の粘りから3－1の快勝を収めた。

④パラグアイ戦

1次リーグ同様、中盤の組織的な守備からボールを奪い、速い攻撃を仕掛ける。相手が一度守備網を作ると攻めあぐね、中盤で不用意なパスやドリブルを引っ掛けられて速攻からピンチを招く場面もあった。後半、疲れからかやや中盤が間延びした状態になったが、ＤＦラインとGK川島永嗣がゴール前で粘り強い対応をして、得点を許さなかった。0－0のまま迎えたPK戦、パラグアイは5人全員が成功したが、日本は3人目が外してワールドカップを終了した。

【躍進の要因】

①経験

前回のドイツ大会から8名（川口能活、楢崎正剛、中澤佑二、駒野友一、遠藤、中村俊輔、稲本潤一、玉田）が残り、その経験が日本の財産となった。前回はレギュラー組とサブ組の不協和音が囁かれたが、今回は23人がしっかりまとまり、大会を戦い抜いた気がする。

②選手の持ち味が生きた

先発11人の個性がうまくチームのなかで機能した。

本田……キープ力、得点力。

遠藤……ゲームコントロール。

長谷部……運動量。

大久保……ゴールへ向かう姿勢。

松井……ドリブル（リズムの変化）。

阿部……カバーリング。

闘莉王……ヘディングの高さとビルドアップ。

中澤……1対1の強さとヘディング。

長友佑都……1対1の強さと運動量（長い距離の動き）。

駒野……1対1の強さ、運動量。

川島……シュートストップ。

③大会前の良い準備

どの選手も良いコンディションで大会に臨んだ。高地対策を含め、前回ドイツ大会の経験を活かし、十分なコンディショニングの準備をしたことが好成績につながった。

【課題】

〜攻撃〜

①プレッシャーがかかったなかでのパス、コントロールの精度

上位国と比べてパス成功率がかなり低かった（最下位）。

②相手ブロックのなかで攻撃の起点を作れなかった

オランダ戦の後半、パラグアイ戦ではチャンスを作れなかった。

③崩しの質（決定的な形を数多く作れなった）

ゴール前、ペナルティエリア内でのプレーの質が強豪国と比べると劣る。

④フィニッシュ

オンターゲット率は高かったが、フィニッシュやミドルシュートの質が悪かった。

〜守備〜

①ミドルシュートに対する対応

ミドルシュートで失点したり、危ない場面が目立ったりした。国内のゲーム環境が影響。

②個人でボールを奪う守備

個人でのボール奪取力は参加国で下位。組織だけでなく個人でもボール

を奪える選手が必要。

③テクニック

プレッシャーがあるなか、スピードに乗ったなかでミスが目立った。

④運動量

強豪にも負けていなかったが、より一層のハードワークが必要。

⑤組織力

世界の上位国と遜色なく、同等以上のレベルだった。攻撃に関わる人数を増やしたい。

⑥1対1の戦い

前回大会から進歩したが、世界の上位国と比べると個々の突破力、ボール奪う力が不足。

⑦ゴール前の攻防

粘り強い守備が光った。攻撃ではオープンプレーから2得点で、決定力に課題が残った。

⑧サッカー理解、ゲーム運び

カメルーン相手に1－0で逃げ切るなど進歩は見られた。経験を積み重ねて改善していく。

≪育成への示唆≫

現代サッカーの7つの柱

①サッカー理解

攻守で主導権を握り続けるサッカーのためには、サッカーを理解した選手の集団が不可欠。

②パス・キックの質

左右の足でボールを扱えること、的確にゴールを決めるシュートテクニックが求められる。

③動きながらのコントロールの質

相手の圧力を外すため、主導権を持って相手を崩すためにも、動きながらの質が必要。

④動きの質・量

やみくもに動くのではなく、攻守に関わり続ける運動量と質が現代サッカーのトレンド。

⑤判断の質

スペースと時間が制限される現代サッカーでは、ボールを受けてから考えるようでは遅い。

⑥フェアプレー

高潔で美しいサッカーこそが、サッカーの魅力を増し価値を高める。

⑦育成からの積み上げ

上位に進んだスペイン、オランダ、ドイツは、育成年代からの積み上げが成果となり、これは重要な示唆である。

「2014W杯ブラジル大会」

いまだに埋められない世界との差

南アフリカW杯から4年、2014年のブラジルW杯でも、日本代表は同じように、大きな成果とともに課題も得ました。

初戦でコートジボワールに逆転負けを喫し、2戦目ギリシャとは0－0で引き分けたものの、グループリーグ最終のコロンビア戦は1－4の完敗でした。

4年間での成長とともに、崩しの質、個でボールを奪う力など、今までのワールドカップでも明らかになった課題が、そのまま持ち越された部分もありました。

世界の背中が見えてきた。ただそれと同時に世界との差も変わらず存在し、日本が磨くべき要素もまだまだある。

それは、ロシアW杯を終えた現在も同じではないでしょうか。

今後も、大きな大会のあとには成果と課題を浮き彫りにするテクニカルレポートが作成されることでしょう。テクニカルレポートは、日本サッカーの進化に不可欠なツールです。

代表選手として世界と戦えるのは一握り。ただ、その戦いから得られたテクニカルレポートを触媒として、代表での課題をユース育成、指導者養成でも共有しながら「三位一体の強化策」を進めていくこと。そうすることで、背中の見えてきた「世界」に追いつき、日本が世界のトップ10に、さらには「ワールドカップトロフィーを掲げる」という大きな夢のための最善の方法という確信は、さらに強まっています。

2014W杯ブラジル大会　日本代表戦績／グループリーグ敗退

pos.	No.	選手名（所属）	出場数	得点	第1戦	第2戦	第3戦
		日付			6月14日	6月19日	6月24日
		対戦相手			コートジボワール	ギリシャ	コロンビア
					●1-2	△0-0	●1-4
GK	1	川島永嗣（S・リエージュ／BEL）	3	0	○90	○90	○90
GK	12	西川周作（浦和）	0	0			
GK	23	権田修一（FC東京）	0	0			
DF	2	内田篤人（シャルケ／GER）	3	0	○90	○90	○90
DF	3	酒井高徳（シュツットガルト／GER）	0	0			
DF	5	長友佑都（インテル／ITA）	3	0	○90	○90	○90
DF	6	森重真人（FC東京）	1	0	○90		
DF	15	今野泰幸（G大阪）	2	0		○90	○90
DF	19	伊野波雅彦（磐田）	0	0			
DF	21	酒井宏樹（ハノーファー／GER）	0	0			
DF	22	吉田麻也（サウサンプトン／ENG）	3	0	○90	○90	○90
MF	7	遠藤保仁（G大阪）	2	0	▲36	▲45	
MF	10	香川真司（マンチェスター・U／ENG）	3	0	▽86	▲33	▽85
MF	14	青山敏弘（広島）	1	0			▽62
MF	16	山口 蛍（C大阪）	3	0	○90	○90	▲28
MF	17	長谷部誠（ニュルンベルク／GER）	3	0	▽54	▽45	○90
FW	4	本田圭佑（ミラン／ITA）	3	1	○90①	○90	○90
FW	8	清武弘嗣（ニュルンベルク／GER）	1	0			▲5
FW	9	岡崎慎司（マインツ／GER）	3	1	○90	○90	▽69①
FW	11	柿谷曜一朗（C大阪）	2	0	▲4		▲21
FW	13	大久保嘉人（川崎）	3	0	▲23	○90	○90
FW	18	大迫勇也（1860ミュンヘン／GER）	2	0	▽67	▽57	
FW	20	齋藤　学（横浜M）	0	0			

○＝フル出場、▽途中交代、▲途中出場、数字は出場時間、丸数字は得点

特別対談

岡田武史×小野剛

ひとつの勝利へ向けて
必死に戦って試行錯誤する。
その積み重ねが
自分たちのサッカーとなる

肚を括った男の電話

――お二人とも最初の出会いは覚えていますか。

岡田　済んだことは、ほとんど覚えていないんだよね（笑）。

小野　僕も、先日聞かれたんですけど、あまり覚えていません。いろいろな講習会とかで、かなりちょこちょこと会っていたと思いますけどね。

岡田　剛が協会の強化委員会委員をやっていて、代表チームのテクニカルサポートをしていたんだよな。一緒に仕事をするようになったのは、そのときが最初じゃないのかな？　あのときは誰がいたっけ。影山（雅永：現U-20日本代表監督）とか？

小野　影山が来たのはもう少しあとです。四方

田（修平：前コンサドーレ札幌監督）を入れたのが、フランスW杯の予選途中ですね。最終予選で加茂さんから岡田さんに監督交代した、あの代表チームです。一緒にスカウティングをやっていました。

岡田　あのときか。俺が加茂さんのコーチとして呼ばれたとき、初めてサッカー協会からテクニカルサポートという相手の情報を持ってきたり、分析したりするスタッフがいると聞いたんだよ。

小野　そうだと思います。それで、1996年にアトランタ五輪があったんですよ。私はチームについていたんですが、チームがグループステージで敗退したあとも現地に残って、岡田さんと合流してサッカーの話をしながら一緒に試合を観戦しました。

岡田　いや、俺は帰ったんじゃない？

小野　いやいや、決勝まで一緒に観ましたよ。
岡田　寝てたんだな（笑）。それじゃ俺、アトランタに行ったことあったのか。
小野　あのとき、2週間くらい一緒にいて、いろいろ話をさせてもらいました。
岡田　でも、あのときはアトランタからほとんど出てないでしょ。
小野　いや、アトランタじゃなくて、フロリダとかオーランドにいたはずです。
岡田　俺、アトランタの選手村のことは覚えているんだよな。なんでだろう？　とにかく、あれから20年以上が経ったのか……。
小野　決勝は確か、ナイジェリアとアルゼンチン。ボックスで一緒に観たはずですよ。
岡田　あ、そうか。最初は大仁（邦彌）さんと一緒に見てたんだ。ニシさん（西野朗）が監督したあのチーム。それで大仁さんが、「選手が勝手にルームサービスを頼んでいる」と少し怒っておられた。そのことは、よく覚えている。

1997年3月にフランスW杯アジア1次予選がスタート。加茂監督率いる日本代表は無敗で最終予選に進んだが、ホームで韓国に逆転負け。続いてアウェイでカザフスタンに引き分けたことで加茂監督が解任され、岡田コーチがチームを指揮することになった。

岡田　アトランタ五輪のあと、代表のテクニカルサポートもやってもらったんだよな。
小野　岡田さんが加茂さんに「五輪代表は分析をビデオで編集して選手に見せることで効果を上げていました。代表でも採り入れませんか」と言ってくださった。それで翌年にはフランスW杯の予選が始まるから必要だと判断してもらって、正式に代表もサポートすることになりました。

岡田　あの頃から始まったんだよな、分析ビデオとかモチベーションビデオとか。だけど、あの夜、剛はいなかったよな。ウズベキスタンにいたのか。加茂さんが解任されたカザフスタン戦の夜、俺とヨモ（四方田）しかいなかったもん。だから、剛に電話したのか。

小野　はい、私は常に次に対戦するチームを視察に行っていましたから。チームを見て、ビデオを編集していました。

岡田　それまで、単独チームだと監督がビデオを2台置いて、自分でポチポチとボタンを押していたんだよな。パソコンもなかったから本当に大変だった。だから、こんな便利な仕事をしてくれるスタッフがいるのかと感激した。

小野　ビデオ2台時代でしたね。ポーズボタンを押しながら。ときどき、撮るシーンと捨てるシーンが逆になっちゃったりして。

岡田　そうそう。

小野　それでフランスW杯の最終予選が始まる頃に、1人だと手一杯になるというので、四方田を呼んだんです。

岡田　ヨモはどこにいたの？

小野　筑波の大学院です。

岡田　協会にいたわけじゃないんだ。S級の手伝いなんかをしていたのか。

小野　そうです。ちょうど（田嶋）幸三さんと私がS級のインストラクターをしていたので。

岡田　大学院から手伝いに来ていたんだ。

小野　それで、僕がコーチになるタイミングで影山が入ってくれたんです。

岡田　俺は1試合しか監督しないつもりだったけど、コーチは必要だった。自分であんな細か

い分析するのは大変だと思ったし、ブラジル人のコーチが書いてもわからない。誰かいないとまずいと思ってさ。もちろん、剛なら大丈夫だと思って電話したんだよ。

小野　あの電話は、僕は岡田さんよりも明確に覚えていると思いますよ。

岡田　何を言ったか覚えてないな、全然。

小野　コーチをお願いされて、「喜んでやらせていただきます」と返事をしたら、「簡単に返事するんじゃない」と怒られた。「ウズベキスタンに負けたら俺は日本のサッカー界にいられなくなる。お前もサッカー界で仕事ができなくなるかもしれない。それを踏まえてイエスかどうか聞きたい。明日またかける」と。あのときの受話器は重かった。あれは、肚を括った男の電話でしたよ。あの電話は自分の人生のなかでも強く印象に残っています。代表の監督は、それだけの覚悟がいるんだと身が引き締まりました。

岡田　大袈裟やったな（笑）。

小野　いやいや、あの電話を受けていなかったら、その後の人生で肚を括るとか、人生を懸けるとか、そういう「覚悟」というものはわからなかったと思います。

――アウェイ2連戦途中での加茂監督解任は驚きました。

岡田　加茂さんが解任されて、当然、俺も一緒に辞めるべきだと思ったけど、アウェイの地で監督がいない。「なんでこのタイミングなんですか」と詰め寄ったら、「いま決断しなきゃいけないんだ」と返された。コーチの俺がやらなきゃしょうがない。「わかりました。じゃあ、1試合だけやります」と返事した。「そんなこと言うな」となだめられたけど、「ともかく1試合だけ」と言って引き受けたんだ。

小野　そうだったんですね。

岡田　俺はいまでも代表監督を評価できる人間が日本にいるのかと思う。指導実績がない人間、ワールドカップに出ていない人間が代表監督を評価したがるけど、どうして評価できるのか。ミーティングに出て、選手たちへの話し方を確認するとか言うけど、そんなこと関係ない。俺は評価するんじゃなくて、結果だけで判断すべきだと思う。どっちが正しいか、何が正しいかなんてわからないんだから。それでも評価するなら、結果に対して一緒に責任を取る覚悟がないと。

小野　確かに。

岡田　加茂さんが解任されたときも、違和感を覚えた。ただ、長沼（健）さんは一緒に責任を取る覚悟で矢面に立った。

小野　うんうん。

岡田　健さんは男だった。かなり叩かれたもんな。だって、加茂さんは大学（関西学院大）の後輩だぜ。めちゃくちゃ苦しかったと思うよ。健さん、ずっと言ってたもんな。「俺の汚点は周を切ったことや……」って。よっぽどつらかったんだよ。

――そういう意味では、小野さんも岡田さんの〝男〟に惚れたところはありますか？

小野　もちろん、それはあります。結局あのカザフスタンのときも、岡田さんは逃げずに戦いました。絶対に逃げない姿勢は、いまの今治でも同じです。上に立つ人間が逃げると監督が叩かれ、監督が逃げると選手が叩かれる。だから、監督として絶対に逃げないとか、上の立場で絶対に逃げずに盾になれるという姿勢には大きな影響を受けました。それって一番大事な部分かもしれないですよね。そういうのを話で聞くのではなく、その場にいて背中を見ながら学ばせてもらった。本で勉強したわけではなく、〝男としての姿勢〟をじかに学んでいる感じです。一緒に仕事をしたい人かどうかの基準なんて、そこだけじゃないですか。

岡田　そうか？

小野　その後の人生で決断を迫られたとき、例えば、自分でどうするか決断がつかないようなとき、「岡田さんがそう言うならやってみます」とか、逆に、技術委員長として様々な方を説得しているときなんかでも、「俺はようわからんけど、タケシが言うならやってみようじゃないか」と言ってもらえることが多かった。

結局、いま今治でもそうです。そういう意味では、岡田さんと出会えた僕は、すごくラッキーな人生を歩んできていると言えます。

岡田　ラッキーかどうかはわからん。人間万事塞翁が馬だから。
小野　いやいや。
岡田　あのアウェイでの1週間、井原（正巳）と話したら「こんなキツい練習して試合で走れなかったら、みんなで岡田さんのせいだと言おうって決めてた」と言っていた（笑）。そんなキツい練習した覚えは全然ないんだけどさ。なんとか引き分けたあの試合、最後に井原の蹴ったロングボールが、あんな形でポンポンポンとバウンドして入った。前半からあれだけ攻めて、オフサイドでゴールが取り消されたり、森島（寛晃）とか城（彰二）のシュートも入らなかったのに、最後こんなのが入るのかと思った。だから、記者会見で「ひょっとしたらひょっとします」と言ったのよ。
小野　うんうん。
岡田　そんな感覚でロッカールームに入ったら、選手たちがみんなワンワン泣いてた。あのモト（山口素弘）までが泣いていたから、ビックリしちゃって。そのとき選手たちも苦しいんだって気づいたの。正直、やってられるかという思いもあったんだけど、俺だけ逃げてラクになるわけにはいかない、この選手たちを置いていけないと思ったんだ。
小野　あの試合で流れが変わりました。

ワールドカップ初出場の予感

終了間際のゴールでウズベキスタンとの初戦に引き分けた岡田ジャパンだが、ホームでUAEとも引き分けてしまう。フランスが遠のき暴動も起きたが、韓国、カザフスタンに連勝し、ジョホールバルでアジア第3代表の座を懸けてイランと激突。試合は延長戦までもつれて、岡野雅行の劇的なゴールデンゴールで悲願のワールドカップ出場権を勝ち取った。

ワールドカップ初出場を決めた岡田ジャパンだが、国民全体のサポートはそこまで大きくなかった。22名の登録メンバーを巡っても一波乱起きる。開幕が迫った1998年6月2日、岡田監督が「外れるのは……カズ、三浦カズ」と発表。代表をリードしてきた三浦知良、北澤豪、そして市川大祐を外すという最終決断に批判の声があがった。

岡田　ウズベキスタンと引き分けて日本に帰ってきて、俺は、加茂さんに会いに行った。加茂さん、ずっと身を隠していたからさ。

小野　気持ちはわかりますね。

岡田　成田に着いて、みんな俺が加茂さんに会いに行くことを知っていたから、メディアの数が本当にすごかった。

小野　アメリカの映画みたいでしたね。

岡田　ドライバーのA級ライセンスを持っている人が迎えに来てくれたんだけど、その人が「岡田さん、まきますか」と言うから、「まけるならまいて」とお願いしたの。そうしたら、湾岸線の新木場のところ、3車線ある一番右からキキキキキッーって、4車線目の出口に出たわけ。追いかけてきていた車とバイクが大変なことになって、こんなんで事故が起きたらもっと大きな問題になると思った。「もういい、もういい」と言って、着いたホテルのロビーにメディアの人に集まってもらって、「俺はこれから加茂さんに会いに行く。絶対についてこないで欲しい。終わったら必ず会見をするから」と言った。そうして会いにいったら、加茂さんが「岡ちゃん……やってくれや」と。だから監督を続けて、剛にも一緒にやって欲しいとお願いした。そんなことがあったね。ちょっとずつ思い出してきた（笑）。
小野　激動でしたね。あの頃は。
岡田　日本に戻ってからも、いろいろあったよな。最初はUAEだっけ。あの予選は毎週試合があったから大変だった。
小野　最初に蛇塚でキャンプをして、そこから新横浜に入って、UAEと引き分けました。
岡田　呂比須（ワグナー）がすんごいシュートを決めちゃってな。
小野　かなり早い時間帯に決めたんですよね。
岡田　引き分けて、国立で暴動が起きた。カズのポルシェに椅子が投げられたりしてさ。俺は四谷警察署の人に裏から逃げてくれと頼まれたんだけど、「何も悪いことしてないから表から行く」と言ったら、「絶対にダメです」と止められた。
小野　それでダミーで空のバスを出している間に、競技場スタッフの自家用車に分乗してホテルに戻ったんですよね。
岡田　そうだったな。それで次が……。
小野　アウェイの韓国戦じゃないですか。
岡田　名波（浩）と呂比須のゴールか。
小野　そうですね。
岡田　その間に、UAEがウズベキスタンと引き分けてくれたんだよな。向こうの試合が深夜で、俺は見てなかった。翌朝、新聞記者が「岡田さん、引き分けましたよ」と。俺は本当に寝てて見てなかったから驚いたら、また俺が嘘を言っていると思われて……。だけど、俺はずっと言ってたよな。絶対にどこかで転ぶ。だから、相手どうこうじゃなくてうちが勝ち続けたら必ず行ける、と。

小野　言い続けていましたね。
岡田　それでカザフスタンにホームで勝って、最後がジョホールバルか。あの頃だよな、ようやくサッカー協会のバックアップが整い始めたのは。剛はそのとき既にコーチだったけど、技術的なバックアップだけではなくて、なんて言うの、庶務とかそういうマネージャーの部分、裏方のバックアップもかなり充実してきた。確か、泊まったのはクアラルンプールのハイアットだったよな。
小野　そうですね。オリンピックの最終予選のときにもそこに1カ月くらいステイして、結構スタッフもよくしてくれたんですよ。
岡田　あのときは万全の受け入れだった。
小野　そうですね。日本人学校も芝のピッチを使わせてくれたりして、トレーニングに関しても、すべて問題なくできた。
岡田　アテンドが全部終わっていて、何の支障もなかった。そうしたら、イランが前日にジョホールバルに入ってきたんだよな。
小野　そうです。
岡田　アイツら俺らが練習しているグラウンドの真ん中を、わざわざ声を出して横切っていきよんの（笑）。広〜いところでやっているのに。そのとき、コイツらサッカー以外のところに集中していると感じた。だから、俺言ったよな。あのとき。
小野　言っていましたね。
岡田　「ひょっとしたらイケるんじゃないか」と。
小野　本来100パーセントしか持っていない力を、彼らはずいぶん違うところに費やしていた。それで、アジジが車椅子で……。
岡田　あれさ、カゲ（影山）とヨモ（四方田）

を潜ませておいたんだよな。だから、俺ら全部知ってたの。スタンドの上の放送室あたりに隠れて、イランが来るのを見ていたわけ。だから、しばらくして新聞記者たちが、アジジがケガしていると大騒ぎになったんだけど、「してない、してない。出てくる」と言って、わかってた。

世界を知らなかった日本

――そうして臨んだジョホールバルでのアジア第3代表決定戦は、勝てば天国、負ければ地獄という大一番でした。

小野　ジョホールバルでも、「負けたら俺たち帰れないぞ」と言っていましたよね。

岡田　試合前に「負けたらマラッカ海峡に飛び込む」と言ったら、次の日の新聞に丁寧にマラッカ海峡の地図が載ってな。水流が早くて泳ぎ切れないなんて解説まで書いてあった。もちろん死ぬつもりなんてなかったし、向こう岸まで泳ぐとも言っていない。岸の近くのそのへんに飛び込んで、戻ってくるつもりだったからな(笑)。

小野　あははは……確かに泳いで渡るとは言っていませんでしたからね。

岡田　すぐに引き返してくるよ。

小野　あの新聞、取っておいたら面白かったですね。あれで、日本でマラッカ海峡が一躍有名になりました。

岡田　そんなことあったな。

小野　でも、あのとき、ジョホールバルでのサポーターたちはすごかったですね。ホテルの周りやスタジアムも青一色でした。まるでホームのような雰囲気を作ってくれて、あれは本当にすごかった。

岡田　本当かどうか知らないけど、日本代表の応援歌として定着した「翼をください」は、あの予選の最中に自然発生的に歌い出したんでしょ。

小野　そうみたいですね。

岡田　日本でも、そんなことがあるんだと感心した。

小野　イングランド的ですよね。自然発生的にというのは。

岡田　とにかく、そんなこんなでワールドカップ出場を決めたら、「神様、仏様、岡田様」だって。俺、死ぬんかと思ったもの。新聞はそこまで見ないようにしていたけど、いい加減にしてくれと思ったし、当時はイチイチ、メディアに逆らっていたな。

小野　そうですね。新聞が岡ちゃんと書いたら、「何が岡ちゃんだ」と。

岡田　記者会見に行っても、みんな年上のベテランの記者ばっかり。鎧を着て、ペルソナ（表面的な人格）を作らないと耐えられなかった。いまもトラウマで、会見場まではニコニコ話しながら行けるんだけど、いざ入ると構えてしまう。隙を見せたらダメだって。

小野　いろいろありましたからね。

岡田　あの当時いた日本語が話せるイギリス人の記者。会見で「僕は、こうするべきだと思う」と意見を言ってきたから、「あぁよかった。あなたと一緒のことをやっていたら、僕もアマチュアになっちゃうから」と言ったら、顔を真っ赤にして怒っていた。そういうことを言うから叩かれるんだろうとは思うんだけど、変えられなかった。思っていたのは、俺は結果で勝負する、ということ。叩きたかったら叩けという感じだった。だけど、あの当時のプレッシャーは、これまでのサッカー人生のなかでも一、二を争うレベルだった。

小野　とにかく、メディアの数が尋常ではなかった。

岡田　自分もそうだけど、日本サッカー界にいる誰もワールドカップを知らなかった。サッカー界に限らず、日本という国自体がワールドカップというものを知らなかったと思う。4年に1回世界中が熱狂する、ものすごい大会だということを。メディアの方々、記者とかレポーターとしてワールドカップを取材されている人はいたけど、参加したことはない。日本のサッカー界自体が何もわかっていなかったから、あのときは反応が異常だったよ。

小野　暴動が起きたり、脅迫電話がかかってきたり。

岡田　有名になると思ってなかったから電話帳に名前を載せていたんだけど、脅迫電話が止まらなかった。危険だから子どもを送り迎えするように警察に言われて、カミさんが毎日送り迎えをしたし、家の前には24時間パトカーが止まっていた。あれを思うと2010年、2回目のワールドカップは冷静だった。98年のときはクレイジーだったね。コイツら本当に刺しに来るかもしれんなって怖さがあった。

小野　あの当時はメディアの数もそうだけど、サッカー以外のメディアの方が多くなっていましたからね。

岡田　おかげで、俺自身は開き直れたけどな。ジョホールバルからカミさんに電話して、「明日勝てなかったら、俺は日本に帰れない」と言ったんだけど、それを言ってからは、もういいと思えた。俺はここまでやった。明日は自分の持っている力を出す以上のことはできない。ある意味命懸けでやるけど、100パーセントを出してそれでダメだったときは素直に謝ろうと思った。「ゴメン。力が足りなかった」と。心のなかでは、もし負けたとしても悪いのは俺じゃなくて、俺を選んだ会長の責任だとね。

小野　ふふふ……。

遺伝子にスイッチが入ったジョホールバル

岡田　それは冗談としても、そう思えた瞬間に開き直れて、恐いものがなくなった。あの瞬間から自分の人生が少し変わり始めたような気がするんだよ。いま、FC今治でも事業のひとつとして環境教育プログラムとか冒険教育プログラムを行なっている。それは、村上和雄という生物学者が言っている「遺伝子にスイッチを入れる」経験をさせたいから。

小野　岡田さんは、以前から野外体験に力を入れていますよね。

岡田　我々は、氷河期や飢餓期を超えてきたご先祖様の強い遺伝子を持っているんだけど、現在のような便利、快適、安全な生活をしていたら、遺伝子にスイッチが入っていないと言うんだよ。俺はジョホールバルで自分の遺伝子にスイッチが入る体験をした。だから、その経験を共有したいと思っている。我々が作ってきた豊かと言われる社会は、例えば、公園で1人の子どもが怪我をしたら、全部を使えなくするような社会。そこまで守られて生活して、いつ強くなれるの。便利、快適、安全を追求していけばいくほど、人間は何もしなくても生きていけるようになる。

小野　恐い状況だと思いますが、そのとおりです。

岡田　要するに、雨風をしのげる小屋のなか、エサがあって、病気にならないように抗生物質を飲まされている家畜と同じなんだよ。それでいて、教育やサッカーの指導現場で「お前たちは弱い」と言うのは矛盾があると思った。だから、一般社団法人を立ち上げて野外体験を始めたわけ。当時、今治にも来たんだよ。それで俺がサッカースクールをやると言っても誰も集まらなかった（笑）。だから、「野球教室をやれ」と古田（敦也）を呼んで、子どもたちを集めた。それで、野球教室が終わったら「みんなでキャンプに行くぞ」と2泊3日で野外教室を開いた。その今治で、いまこんな活動をすることになるなんて、当時はまったく思っていなかったよ。

小野　へぇ、そんなことがあったんですね。

岡田　最初は早稲田大学の学生10人を連れてカナダに行った。現地のアルバータ大学の学生と2人1組にして、カヌーで5日間川を下って、ロッキー山脈で5日間ハイクする。僕たちインストラクターはいるけど一切手を出さない。学

生たちにすべて決めさせて、遅れた奴をどうするか、どこでビバークするか、それも学生同士で解決させる。そうすると、必ず喧嘩が起きる。言葉が通じないのもストレス。泣き出す女の子。帰ると言って上陸して歩き出す子。そういったカオスをなんとかまとめて帰ってくると、みんなワンワン泣きながら抱き合う。そうやって目の色が変わって、遺伝子にスイッチが入って、人間として成長していく。そうして培った絆は、なかなか途切れない。そういう活動を、いまも続けている。どっちかって言うと、俺はそういう野外活動の方が得意。サッカーはあんまり得意じゃない（笑）。

小野　あははは……。

岡田　金を稼ぐにはサッカーしかないから、やっているだけで。本当は向こうがやりたい。冒険教育、いま9泊10日の無人島体験、小学生満員だよ。

小野　それはすごいですね。

岡田　だけど、13泊14日の無人島体験、大人の部を募集したら1人しか応募がなかった。さすがに2週間も休めませんだって。だから、1週間のコースを作ろうと思っている。

小野　2週間休むのは、さすがに……。

岡田　でも、1週間だと短い。シーカヤックで無人島に渡るから、それまでに漕ぎ方とかテントの張り方はマスターしておかないと。無人島を目指して漕ぎ出して、転覆して起き方がわからないじゃ始まらない（笑）。

小野　確かに。

岡田　話はそれたけど、あのジョホールバルでの経験は、俺にとっては遺伝子にスイッチを入れる大きな転機だった。あのときのスタッフは俺と剛、あとはフラビオ（フィジカルコーチ）

とマリオ（GKコーチ）。それだけか？
小野　4人でしたね。いまからしたら考えられない人数です。

“カズ外し”の真相

――しかも岡田さんの場合は叩かれやすいというか、必ず逆風が吹くというか……。
岡田　確かに日本中、敵だらけのような状況だった。だけど、正直なところ日本中の人に叩かれても家族だけは「ご苦労さま」と迎えてくれる自信はあった。帰る場所はあった。それがなかったら、たぶん耐えられなかったと思う。だから、ワールドカップ出場を決めたときに「最後まで信じてくれた家族に感謝したい」と言ったら、日本のスポーツ界ではそういう発言をした人がいなかったみたいで、翌日からレポーターが殺到。ピンポーンと鳴るからカミさんが出たら、ガッと足を入れてカメラを向けられて「奥さん！」だって。
小野　へえ。
岡田　そうしたら、また「女房が調子に乗ってテレビ出てるんじゃねぇ」と脅迫電話が。もうめちゃくちゃ。
小野　そう考えると、日本全体がいまでは随分インターナショナルな感じになりましたね。
岡田　家の前に、記者がずっとたむろしているなんてことはなくなった。あの頃は、ずいぶん近所の人たちに助けられたよ。「岡田さんの家は？」と聞かれても「知らねぇよ」と記者とかを追い払ってくれた。タクシーも「岡田さん家までは行っちゃいけない。近くで降ろすように」と警察から言われていたみたい。警察にはずいぶんお世話になったから、ワールドカップ出場を決めてみんなで喜んでいるシーンのテレフォンカードを作って渡しに行ったら、「賄賂になるから受け取れません」だって。

小野　へえ、そうだったんですか。

岡田　そういうつもりじゃなくて規則なんだろうな。警察署では受け取れないと言うから、交番を回ってお巡りさんに配ったよ。あの頃に比べたらサッカー界はやる方も、見る方も成熟した。メディアを含めたステークスホルダー全員がな。

小野　もし、1998年にワールドカップ出場を決めていなかったら、そのぶんサッカー界の進歩が10年遅れていたかもしれないですね。

岡田　フランスにもすんごいマスコミが来ちゃって、強烈だったな。グラウンドの周りに幕を張ってトレーニングをクローズにするんだけど、グラウンドの横のマンションの一番上でカメラが光っているの。

小野　頼むから集中させてよ、と思いましたけどね。

岡田　最初は相手チームのスパイかと言っていたんだけど、日本のマスコミだった。

小野　練習を非公開にしたら文句が出たのでオープンにしたら、練習後の会見で「今日はどういうトレーニングだったんですか?」と。それを聞いて「だったら、オープンにする必要ねぇじゃねぇか。剛、どう思う?」と、あきれていたこともありましたね。

岡田　オープンにしてるんだから、どういう練習してるか見とけよって思うだろ。

小野　「見せてもわからないヤツに説明する必要ねぇだろう」とボソッとつぶやくから、「そんなこと絶対に言っちゃダメですよ」って。

岡田　それでエクスレバンに入る前に、スイスのニヨンでカズと北澤を外したんだな。

小野　ニヨンでのキャンプのときでしたね。
岡田　あのときもいろいろ書かれた。
小野　だけど、選手たちも薄々気づいていたと思います。もし、あの流れで入っていたら、逆に「え？」という空気が流れたかもしれない。
岡田　若手とベテランでちょっとしたグループがあったからな。だけど、あのときはカズの調子がよくなかったよ。
小野　それでも岡田さんは毎日のように、「あれだけの実績の選手だ。必ず調子を戻して爆発してくれるはずだ」って言い続けて、復活を待っていましたけどね。
岡田　カズをベンチに置いておくとして、負けている試合なら呂比須とかゴン（中山雅史）を入れるよな。勝っているなら走り回って相手を追いかける選手を入れる。そうなると、使う場面が思い浮かばなかった。ただ、それだけ。もちろん、あれだけの男だから入れておくという方法もあったんだろうけど、当時の俺は41歳で経験もなかったから、その選択肢は頭に浮かばなかった。純粋に力だけで判断して決めたんだけど、後悔はしていない。でも、まぁ、大変だった。
小野　そうでしたね。
岡田　そしたらアーセン（・ベンゲル）がエクスレバンに来て、アイツ本当は中田を見に来たんだけど、「大変だな。メディアはずっとカズを外せと言っていたのに、外した途端お前が叩かれているのか」と言ってくれた。その夜にバーで一杯飲まないかと誘われて、一緒に飲んでいるときに「こういうときは一服しろよ」とタバコを出された。それから俺、タバコを吸うようになったの。な？
小野　そうだったんですね。

岡田　代表監督のときだけ。家では1本も吸わない。だから1ミリしか吸えないんだけど、2回目の代表監督のときも吸っていた。あれは、アーセンに勧められたからなんだよ。

親善試合の組み方さえわからない……

――ワールドカップ出場を決めて驚いたこと、初めて知ったようなことはありましたか？

岡田　抽選会に行ったら有名な人ばっかり。みんなカンファレンスで何を話しているのかと思ったら、監督同士が直に練習試合の約束をしているの。当時の日本は国際部を通じて相手の監督に聞いて……、とにかく回りくどくてなかなか試合を組めなかった。「あっ、みんな直接やり取りして決めているんだ」と気づいた。それが2010年の南アフリカのときに役立った。片っ端から声をかけて、練習試合を組んでもらったからな。

小野　そうでしたね。

岡田　フランスのときは俺1人ポツンと浮いていた。知り合いとかいないし。あのときはヒデ（中田英寿）を連れて行ったんだよ。マルセイユで抽選会だったんだけど、その前に世界選抜の親善試合があって、日本からも1人出してくれと言われた。

小野　あぁ、ありましたね。

岡田　DFという要望だったけど、あのとき日本で一番いい選手はヒデだから打診したらOKが出て、ヒデを連れて行った。あの親善試合で堂々とプレーする姿を見て、「コイツやっぱりすごいな」と思った。それで、2人で抽選会に行ったの。

小野　そうでしたね。

岡田　世界で一番遅く出場が決まったから、いいと思うキャンプ地は全部取られていた。いいところがなくて、残っていたのは工場の隣のホテルとかイメージしていたのとは全然違っていた。そうしたら、アテンドしてくれた人が「FIFAのガイドブックには載っていないけどいいところがある。少し遠いけど行くか」と教えてくれて、それで行ったのがエクスレバンだった。

小野　あそこは最高でしたね。

岡田　でも、年寄りの保養地で若い人がいなかった。だから、時間が経つにつれてみんなモチベーションが落ちちゃってな（笑）。静か過ぎた。街を歩いても若い人がいないから、刺激がないんだもん。

小野　でも、いい街だったな。散歩に行っても。

岡田　ホテルは最高だった。

小野　食事会場が明るくてね。あのストレスのなか、1カ月くらい滞在すると息が詰まってくるから、食事する場所の雰囲気がいいかどうか、そこは本当に重要でしたね。

ピッチに出て初めて知るワールドカップ

「1勝1分1敗」を目標にフランスW杯に臨んだ日本代表は、アルゼンチン、クロアチア、ナイジェリアと対戦して3戦全敗。しかし、その戦いぶりは高く評価された。

小野　フランスW杯のビデオは見たことありますか？

岡田　いや、見てない。もうトラウマ。だけど、ヨーロッパで出会った人たちは、すごく褒めてくれたの。あれ？　日本では俺、めちゃくちゃ叩かれているんだけどって思った。「いいサッカーしたじゃないか」とか「お前が日本の監督か」と言われて。おかしいな、日本ではボロカスだけど……と。

小野　いい試合していましたよね。アルゼンチン戦とかも。あのときのアルゼンチンも、ベローン、サネッティとか凄いメンバーでしたからね。

岡田　バティ（バティストゥータ）にやられたやつな。あとはシメオネとかか。あのヤロー、試合中ヒデのこと散々削りやがって。アイツだけは許さねぇ。

小野　でも、腰の引けた戦いではなかった。グループリーグ敗退が決まったあと、現地で会う人会う人、コングラチュレーションと握手を求めてきましたからね、岡田さんに。

岡田　とにかく選手がいま持っている力を出すこと、選手たちがワールドカップはすごい大会だと萎縮して力を発揮できないとか、そういうのだけは嫌だった。当時の日本の力がたいしたことないのはわかってた。だから選手たちが「持っている力をすべて出せた」と言える試合をやらせてあげたかった。それだけを考えていたね。

小野　「選手を堂々とピッチに送り出したい」と、それは常に言い続けていましたね。

岡田　勝ち負けなんて、偉そうなこと言える立場にないと思っていた。結局、選手たちはある程度力を出してくれたんだけど、俺自身が試合後にスタンドからピッチを見たとき、「えっ、あそこでやっていたの」という感じだった。ワールドカップ全体を楽しむ余裕が全然なくて、目の前の試合のことだけで頭がいっぱいだった。試合前のセレモニーの記憶もない。そう考えると、2回目のワールドカップのときは少しゆとりが違った。

小野　それにしても、中に入ってしまうと、ワールドカップらしさを感じられないまま時が進んでいきましたよね。
岡田　そうそう。
小野　空港に着いて、タラップを降りてバスに乗ったら、次に降りるのはホテルですからね。
岡田　街中のワールドカップの雰囲気は味わえない。専用機だし、バスはパトカーと白バイが完全に先導してくれる。出国もＦＩＦＡターミナルだから、お土産ひとつ買えない（笑）。
小野　あははは……。
岡田　さすがに、スタジアムでお土産を買うわけにはいかないだろ。
小野　飛行機に、スッと乗れるのはいいんですけどね。
岡田　エクスレバンには、お土産屋なんて一軒もないしな（笑）。
小野　スタジアムも地下まで直接バスで入って、ロッカールームを出た途端に一気にあの盛り上がり。あのピッチに立って初めて、ワールドカップのすごさを知った感じでした。
岡田　大会中は日本の報道も目にしなかった。リラックスルームにはいくつか新聞があって、選手たちは見ていたみたいだけど、基本的に頭にくることしか書いてないから。それでも必ず、「こんなこと書いてあったけど気にするなよ」と言ってくる余計なヤツがいる。何も見ないようにしているのに、そういう〝親切な〟ヤツがいるんだよ。
小野　あの３試合を思い返すと、クロアチアは強かったですね。
岡田　当時はそんなに知らなかったけど、すごいメンバーだよな。ボバン、アサノビッチ、スーケル、プロシネツキ、ビリッチ、ヤルニ……。
小野　アサノビッチは１８０センチくらいある

のに、めちゃくちゃ上手かった。
岡田　そう言えば、カンファレンスか何かのときにベロンとホテルの部屋が隣になって、「俺、あのときの監督なんだ」と言ったけど、全然わかってなかったっぽいな。
小野　そう言えば、フランスW杯のグループステージが終わったあと、残って視察していたとき、僕たちの後ろにアリゴ・サッキがいましたよね。
岡田　そうそう！　アレ誰だっけ？　という話になって、聞きに行ったんだよな。「あなたは誰でしたっけ？」と。そうしたら「ア・リ・ゴ、サッキ！」「おぉ！」と（笑）。
小野　影山に聞かせたんでしたよね。
岡田　あの頃は、残って試合を見るときもゴール裏だったんだよな。スポンサーさんとかお金を出している人はメインスタンドで見ることができるけど、どの代表監督でも普通にゴール裏で観戦していた。だから、サッキが俺らの後ろにいた。
小野　試合中にノートを書いているから、どんな分析するんだろうと興味津々でいたら、点が入った瞬間「いま、どうやって入った？」と聞いてきた（笑）。経過を説明してあげて、なんかホッとした記憶があります。

　フランスW杯後、岡田はコンサドーレ札幌を率いてJ1昇格を果たし、2003年から横浜F・マリノスを指揮した。一方、小野はU‐20日本代表コーチ、ユースダイレクターとして手腕を発揮したのち、2002年にサンフレッチェ広島の監督に就任。広島がJ1復帰を遂げた2004、2005シーズンは、Jリーグの監督として対戦した。ちなみに、リーグ戦の対戦成績は横浜の3勝1分0敗だった。

岡田　剛は、試合前にプレッシャーかけると弱いんだよ（笑）。

小野　あははは……。

岡田　俺を避けてた。試合前に俺が近づいていくと、隠れるんだから。

小野　隠れてたわけじゃないですけど前日ですからね。夜になると必ず、「もうミーティングも終わった頃だろ?」と電話がかかってくる。ホテルの地下のバーで一杯どうと誘われて、バレたら大変ですよと言いながらもコッソリ2人で会っていました。別に禁止されているわけじゃないですけどね。

岡田　そう言えば、槙野（智章）の初先発はマリノスだったな。お互い宮崎でキャンプをやっていて練習試合をしたんだけど、怪我人が多くてメンバーが足りなくなっちゃって、剛に「1人ストッパー貸してくれ」と言ったら、槙野が来た。

小野　マリノスが1人足りないから誰かやってくれないかと聞いたら、アイツが手をあげて「はい、やりますよ」とか言って。まだ高校卒業前でしたけど、アイツはそういう良さがありますからね。

岡田　うちのユニホームを着させて、「オウンゴールとかすんなよ」なんて言いながら。

小野　試合後には「アイツいいじゃねぇかよ。うちにくれよ」と言われましたね。本人に岡田さんが評価していたと伝えたら、「そうっすか」と喜んで、かなり自信につながったと思いますよ。

自分で自分の人生を生きられる、主体性のある人間を作る

２００７年、日本サッカー協会技術委員長を務めていた小野が、病に倒れたイビチャ・オシム監督の後任として日本代表を率いることを岡田に打診して、正式契約に至る。岡田監督の下で南アフリカW杯に臨んだ日本代表は見事、決勝トーナメントに進出。ＰＫ戦の末にパラグアイに敗れたものの、日本中がその戦いぶりに胸を打たれた。

その後、中国の杭州緑城でも監督、コーチとして尽力した二人は現在、ＪＦＬ所属のＦＣ今治において代表取締役会長、監督の重責を担う。出会いから四半世紀近く、二人はいまなお日本サッカー界で夢を追い続けている。

小野　僕が技術委員長だったので、岡田さんにお願いして第二次岡田体制が始まりました。南アフリカW杯に向けたメンバー選考のときも一緒でしたね。絶対にバレない個室ということで、僕のいとこがやっている浅草の焼鳥屋の2階を借りて、そこから（川口）能活に電話しました。

岡田　あのときは協会でメンバー発表したんだっけ？

小野　いや、東京プリンスホテルでした。僕はスカパー！にいました。

岡田　どうして？

小野　メンバー発表の中継があったんですよ。

岡田　そんなのがあったのか。

小野　一人ひとり名前が呼ばれて、それについてコメントを求められるんです。だけど、前日に岡田さんとメンバーを話し合っていたから、「全部知っているかもしれないですけど」と言っ

たんですけど……、生放送なんで知らない感じで、ということで。
岡田　メンバー発表の生中継か。確かに、ジーコも最後に「巻」と言ったもんな。あれは覚えている。
小野　浅草の焼鳥屋は、僕と岡田さんの二人だけでした。
岡田　経験があって、みんなをまとめられる選手が欲しかった。だからアイツに電話して「力を貸してくれるか」と聞いたら、「少し考えさせてください」とぬかしよった（笑）。それで30分くらいして電話がきて、「いま言ったのは23人のメンバーとしてですか？　サポートメンバーじゃないんですか？」と言ってきた。「違うよ！　サポートメンバーにお前を入れてどうすんだ」と。
小野　どうも時間がかかるなと思ったら、勘違いしていたんですよね（笑）。
岡田　アイツを代表から外したのも俺だからな。あのときは磐田まで行って、ホテルで直接話をした。「残念だけど代表から外す。でも、ノーチャンスではない。お前がファイティングポーズを取ってくるなら見ている」と言ったんだよ。そうしたら、すぐ大怪我をしたんだよな。でも、練習試合に出られるくらいまで回復していた。
小野　ぎりぎり間に合ったんですよね。
岡田　でも、能活のおかげだよ。選手たちの目が覚めたのは。大会前、俺がアイツに選手同士でミーティングしてくれと頼んだ。選手たちが、新しい戦い方が腑に落ちているのか確かめたかったから。でも、アイツは俺に報告してこない。「どうだった？」と聞いたら「いいミーティングでした」と素っ気ない。あとで聞いたら選手たちが喧々囂々、本音を言い合ったんだって。

それを報告したら、俺がまた怒り出すと思ったんだろうな。
小野　アイツなりにかなり気を遣ったんですよ。
岡田　そのあとも練習試合があって、俺は何も変わっていないと感じたけど、選手たちはあのミーティングがあったから、自分たちで動こうと思ったんだろうな。
小野　あの大会も素晴らしかったですね。
岡田　みんな戦術変更して守備的にしたのが良かったと言うけど、やっぱり、選手が自分たちで動き始めたのが大きかった。ロシアW杯もそう。日本人というのは、ハッキリ言うと主体性を持って自立していない国民と言える。自分の人生は自分で決められるのに、すべて人のせい、周りのせい、環境のせいにしている。
小野　そうですね。
岡田　いま問題になっているスポーツ界のパワハラの問題も、殴って勝つ現実があるから起きてしまう。それは、選手が主体性を持っていない証拠。監督に殴ってもらって初めてコノヤローと奮起する。これはブラックパワー。ブラックパワーはものすごく強力だけど長続きしない。そうじゃなくてホワイトパワーと言うかどうか知らないけど、選手たちが主体性を持って動いて、勝つ日が来なきゃいけない。そういった意味での大きな実験を、いま今治でやっているんだよ。
小野　今治での様々な活動はまさにそうですね。
岡田　メソッドとかいろいろ言っているけど、一番大事なのは自分で自分の人生を生きることができる、主体性のある人間になれるかどうか。うちの会社でも、残業しないで早く帰れと言うと、「仕事があって帰れません」と言う。いや、お前がいま席を立って、家に帰ればいいだけ。帰れる。そうして「これだけ仕事が多過ぎてできません」と言えばいい。人のせいにしないで、「お前が自分で自分の人生を選べばいい」と言っている。この国はリーダーが必要なんじゃなくて、主体性のある大衆が必要なんです。

小野　一人ひとりが主体性を持つことの大切さですね。

岡田　これまでずっと、国民性や制度、教育の問題としてきたから、簡単じゃないことはわかっている。だけど、ひょっとしたらスポーツで変えられるんじゃないかと思い始めて、そういう希望を持って今治で頑張っている。よく言うじゃん。試合後「リードを守るのか、もう1点取りにいくのかわかりませんでした」と。あれを聞くとバカじゃねぇかと思う。そんなの、お前たちが決めればいいんだから。

小野　本当に、そのとおりです。

岡田　自ら奮い立てる選手、自ら判断できる選手に出てきて欲しいんだよ。日本人はよく「負けたくない」と言う。ところが、ヨーロッパの連中は「勝つのが好き」だって言う。テニスの（ロジャー・）フェデラーのコメントを聞いていても、アイツは勝ちたい選手の典型だよ。「勝ち続けるのが好き」だと言うんだから。負けたくないはブラックパワー。勝ちたいがホワイトパワー。その差は大きい。そう思うと、俺が監督をした2回のワールドカップは、まさにブラックパワーが実った結果だったと思う。グループリーグを突破した2002年、（フィリップ・）トルシエのときはアイツに対する選手たちの反発がエネルギーになった。あとは、自国開催だったからAランクのチームがいなかった。

小野　組み合わせで全然違います。第1ポッドのチームがいないんですから。

岡田　どうすれば、ブラックパワーではなく結果を残せるのか。正解はわからないけど、10年後に結果が出ればいいと思って、いまやっている。本当に正しいなら日本サッカー界全体でやればいいんだけど、今治と同じ取り組みをして、10年後に間違っていましたという結論が出たら、取り返しがつかないからな（笑）。

小野　まぁ、それはないと思いますけどね。

岡田　振り返ると俺自身も叩かれて、コノヤローと反発して力を発揮してきたと思うけど、それでは本当の強さにならない。ブラックとホワイト、両方のパワーを使いこなせるのが一番いい。それは日本のスポーツ界に限らず、社会全体にも言えると思う。……なんてね、俺もそろそろ参議院選挙に出なアカンかな。

小野　あははは……。ぜひ、出馬してください。

サッカーがストレスになってはいけない

――選手たちが自立して、自ら判断して輝くために、指導者や大人は具体的にどのようなアプローチができるのでしょうか。

岡田　いま今治で実験していることが、16歳までにメソッドというか、型を教えること。原則を教えて、あとは自由にする。日本のサッカーはこれまで、Jリーグができたときに外国籍監督が大勢来て、「日本人選手はなぜ、どうすればいいと聞くんだ？」と言っていた。確かにそのとおりで、それまで僕たちはここに来たらこう蹴れとハウツーを教えていた。それではダメで、選手たち自身に考えさせることが大切。そこに気づいた。原則を教えず、子どもたちに「自由にやりなさい」と指導しても難しい。ヨーロッパにはプレーモデルという芯がある。そのうえでの自由。でも、日本は自由の部分だけを真似しちゃったんだと思う。そういう後悔があるから、いま16歳までに原則を落とそうとしている。

小野　そうですね。

岡田　もちろん、まずは子どもを楽しませることが大事。それはそうで、僕もガチガチに教えろとは言っていない。楽しませながらも原則を教える。

小野　最初に型を教えることで、初めて、そこから型破りが出てくる。

岡田　原則の一例をあげると、今治には5つのサポートがあります。1から5まで。でも、これまで僕たちは状況で指導していた。ボールを持っている選手がいたら「サポート!」と声をあげてきた。ボールを持った選手にそれほどプレッシャーがかかっていなかったら、「お前、そんなに寄る必要はない」と。それが、状況に応じた指導です。だけど、原則は違う。1のサポートはボールを取られそうになっている緊急事態のとき。必ずサポートに寄らないといけない。だけど、緊急性の少ない2から5のときは違う。そうやって原則を教えれば、「どうして寄った?」「そうですね、いまは2のサポートでよかった」と選手が自分で考えられる。

小野　うんうん。

岡田　だから、練習中に自分たちの位置を言わせる。「1、2、3」と。そうすると何が起きるかと言うと、いままでは周りを見ろ、状況を見ろと言っていたけど、言わなくても番号を言おうと思ったら周りを見ないといけない。自然と周りを見るようになって、ボールがポンポン動き始める。それが衝撃だった。スペイン人の若いコーチ、フェラン・ビラが来たとき、そのときのサポートは1から3までだったけど、「えっ?・」と驚くぐらいボールが動き始めた。そこで、原則を教えることの大切さに気づいたんだよ。

――岡田さんと小野さんは、長く日本サッカー界の第一線で指導されてきたわけですが、日本は進歩していると思いますか。

岡田　確実に進歩していると思う。ロシアW杯でのの西野さんのベスト16は、俺のときのベスト16とは内容が全然違う。俺のときはぎりぎりだったけど、今回は誇らしかった。第2戦のセネガル戦の前、イギリス人の知り合いに「セネガルは強いぞ」と言われたから、「だけど、結構穴はあるよ」と言って別れた。試合後にメディアセンターに帰ってきたら、みんな「日本はすごい」と拍手してくれた。

小野　本当にそういうゲームでした。

岡田　同じベスト16で進歩していないように見えるかもしれないけど、全然違うと思う。みんなネガティブなことを言い過ぎる。PDCAサイクル（計画・実行・評価・改善）も必要かもしれないけど、それだけではないと思う。世界中の国が、うちのサッカーはこうやって、こう分析して検証した結果こうなっている、なんてしていないと思う。みんながこの試合に勝ちたい、なんとかしたいと必死になって戦って、試行錯誤しながら自分たちのサッカーができあがっているんじゃないかな。ブラジル人が頑張った結果、ドイツ人が頑張った結果、ブラジルらしいサッカー、ドイツらしいサッカーが誕生した。日本だけが難しくある必要ない。もっとシンプルでいい。

小野　そうですね。

岡田　いつも言うことだけど、進歩のレンガを積もうとすると、横にも積まないと本当に高くまでは詰めない。横に積んだ人は評価されない。街のオッサン、現場でひどい指導しているかもしれない。でも、そのオッサンだってレンガのひとつは積んでいる。そうやって、今度こうしよう、こうしようとトライ、チャレンジしていくことが大事だと思う。教科書やマニュアルを作って、日本のサッカーはこうやって進歩していきますと言っても、そんな思い通りにはいかない。それに、それではサッカーがつまらなくなると思う。昔、ジーコが言ったよな。

小野　ありましたね。

岡田　分析スタッフがいろいろなデータを用意して見せたら、「日本の分析力はすごい。ブラジルにこの分析力があったら世界でも絶対負けない。だけど、サッカーがストレスになったらいけないんだ」と。あれはすごい重い言葉だと思った。

小野　そうですね。

岡田　勤勉な日本は、国全体がそういうやり方で成長してきた。だけど、本当に論理的な思考だけで成功を掴めるなら、人間がやる必要はなくなる。AIとロボットがやればいい。サッカーというのは不確定要素が一番多いスポーツ。作戦タイムもないし、攻守交代もない。世界中に広まったのは、そういう不確定な魅力があるからだと思う。

小野　そこに面白さがあるんですよね。

日本サッカー発展のためにさらなるブレイクスルーを

岡田　いろいろ言ったけど、そんなこと言っているオッサンがいてもいいじゃん。俺は人を批判しない。いろんな人がいていいと思う。みんな同じサッカーだったら面白くない。

小野　みんなが勝ちたいと思って必死にやってきた結果、国民性とかに合ったスタイルが出てくるという考え方は、本当にそうかもしれないですね。最初に戦略があって、それを目指した結果ではなく、勝ちたいと思って努力した結果、スタイルが出てきた。最近、そういうのを「〇〇スクール」という言葉で表現していますね。

岡田　チーム作りと采配の2つがあると、日本人の指導者はチーム作りに美学を感じる人が多い。采配で勝つのは邪道だと。両方大事なんだけど。最後にパワープレーを仕掛けて勝つと、最初からパワープレーやればいいじゃないかという極論が出てくる。いやいや、それはリスクが大き過ぎるだろうと。もちろん、自分のスタイルだけにこだわって、勝敗を度外視してはいけない。絶対に勝つという気持ちを持たないで、スタイルにこだわって、負けてもいいと言い始めると、サッカーは進歩しないと思う。

小野　そこに美学を求めると、確かに進歩がありませんね。

岡田　ポリシーや哲学があるのは当たり前。それで、勝たなきゃいけない。

小野　勝利至上主義に関する賛否の議論も、方法論の話だと思います。その年代以外では通用しない方法論で勝つのはどうかとは思いますけど、とにかく目の前の試合に勝ちたいという気持ちを忘れてはいけない。

岡田　そのとおり。小学生年代ならデカい子を前に置いて、ボーンと蹴れば勝つ可能性は高まる。だけど、そんなことして成長がある？　そんな方法論を選択しないのは当たり前。そのうえで勝つために必死に、死に物狂いでやる。そうやって戦った結果、負けてもいい。

小野　そうですね。

岡田　子どもが相手でも、僕は勝つために必死でやれと言う。で、負けても全然問題ない。最初から、こういうサッカーができれば負けてもいいというスタンスだったら、勝っても負けても絶対に進歩はない。俺はそう思っている。

小野　まったく同感です。

岡田　だけど、ＰＴＡとかで言うと、ものすごく批判される。「なんであんなに勝て勝て言うのか」と。違うんだよ。負けてもいいけど、勝つために全力を尽くさないといけない。ヨーロッパで子どもの試合を見ると、日本以上に親の声援がすごい。熱い熱い。その代わり、負けても「グッドゲーム」と子どもたちを迎えている。日本のお母さんは違う。「キャー、行け行け」と言ったあと、「なにやってんのよ、アンタ！」と怒り出す。あれはひどいよ。あんまり勝利を求めず、この子の成長だけを願ってとか言うけど、負けた瞬間に怒り出す。あの姿勢は、本当にひどいと思う。

小野　子どもたちは、勝ちたい気持ちを絶対に持っているはず。その気持ちを、どうやって大きくしていくのか。その気持ちがあるから、もっとうまくなりたい、もっと練習したいという気持ちが出てくる。

岡田　そうは言っても、俺はもう指導者としては限界だからな。

小野　いやいや、そんなことはありません。とにかく、基本の型があるから自由な発想が出てくるのに、反対になっているところが日本の問題だと思います。先日、ノーベル賞を受賞した本庶佑さんの「教科書に書いてあることをすべて信じてはいけない。教科書が全部正しいなら、科学の進歩はない」という言葉を紹介しながら、iPS細胞の山中伸弥さんが「勘違いしないように。教科書をとことんまで追求して、もっと違うことがあるんじゃないかと探ることが大事だと言いたいんですよ」と補足されていた。あの掛け合いを聞いて、まさにFC今治のことを言っているような気がしました。

岡田　やっぱり、自由なところから自由な発想は生まれないと思う。縛りとか型、抵抗があって、そこを破ろうとする姿勢から自由な発想、自由な人間が生まれてくるんだと思う。〝ゆとり世代〟を見て、やりたいことを探しなさいという教育方針には限界があると感じる。錦織圭とか松山英樹とか、見つけられた人はすごいことになっている。でも、大半の人は見つけられなくて苦労している。好きなこと、やりたいことを探せと言われても難しい。きっちり授業をしているからこそ、初めて「こんなのつまんねぇ。こっちの方が面白い」という発想が出てくるんじゃないかと思う。

小野　そうですね。何かベースがあるから、それを破る発想が生まれてくる。これまで、どうしてそういう発想がなかったのでしょうか。

岡田　日本のサッカー界の指導者養成に関しても、順調に進んできているとは思う。でも、正しいから変化をしないではダメ。日本のサッカーがここからもっと上へ行くためには、何か変えないといけないという気はする。

小野　指導者養成もそうですし、育成の指導環境もそうですね。ここまでかなり頑張ってきたけど、もっと上を目指そうと思ったらもうひとつブレイクスルーがないと厳しいですね。

岡田　スポーツ全体の捉え方、日本ではどうしても教育の一環という考え方があるでしょ。その考え方を脱しないといけない。

小野　うんうん。そうですね。

岡田　もっと言うと、お金が必要なんだよ。ビジネスとしてどう成り立つかという発想、どこに投資するべきかという発想がないと、サッカーもスポーツも変わっていかない。

小野　そうですね。

岡田　そのような話になると、ヨーロッパの現状はこうだと言う人が出てくる。だけど、ヨーロッパの人たちは、基本的に週末にやることがない。２００６年のドイツW杯まで、サッカー場は危険な場所という認識があって家族の選択肢に入っていなかったんだけど、安全になって週末の数少ない選択肢となった。だから、少々寒くても、雨が降っていてもみんな見ている。ドイツに行ったとき「こんなつまらない試合、なんでみんな見てるの。俺もう帰るわ」と思うんだけど、みんな見ている。結局、他にやることがないんだよ。

小野　そういった意味で、日本は恵まれていますからね。

岡田　日本は週末にやることだらけ。アメリカと言うと、みんなニューヨークとかロサンゼルスを想像するけど、大半はカントリーサイドに住んでいて、やることがない。だから、みんなテレビを見ている。だから、視聴料が日本の10倍だけど観る人がたくさんいる。

小野　そうですね。

岡田　日本のように、その日中にディズニーランドには行けない。車を5時間運転して、飛行機に乗って、時差の問題もある。週末にやることだらけの日本において、どうすればスポーツがビジネスとして成立するのか。

小野　いま、今治でもいろいろな努力をしていますね。

岡田　サッカーをしています、面白いですよと言っても人は集まらない。１０００万人いて、１割の１００万人がサッカー好きで、その１パーセントの１万人がスタジアムに来てくれる街ならいいけど、今治は人口16万人の街。俺が考えていること、可能性があるのはスポーツがエンターテイメント、あるいはアートと融合するやり方。幸い、今治ではＬＤＨさんや吉本さんが協力してくれているから、トータルエンターテイメントとして売れないかと思っている。極端なことを言えばサッカーを知らなくても、サッカーの試合を観なくても、その週末楽しかったと思って帰ってもらいたい。だからいま、スタジアムの下の駐車場を区切って、試合の日には迷路を作ったり、フードコートを作ったり、イベントをしている。そうは言っても簡単じゃないから、いま、死ぬ思いをして頑張っているけどな。

株式会社
今治.夢スポーツ
Deloitte.
adidas

エピローグ

２０１８年12月11日、私はＦＣ今治の監督に就任しました。

それまでの約２年間、育成コーチとして、またコーチディベロップメントマネージャーとしてＦＣ今治に携わりながら、ＦＩＦＡインストラクター、日本サッカー協会（ＪＦＡ）技術委員の仕事にも並行して取り組んでいましたが、監督に専念することになりました。

勝手な想像としては、少々タイミングが早かったのかなとは思いますが、現場に戻ることへの違和感はありません。ロシアＷ杯が開催された昨年は、ＪＦＡの技術委員となった関係でほぼ協会の仕事がメインとなりましたが、２０１７年の１年間は今治に住んでアカデミーの子どもたちを指導したり、コーチを育てたりしていました。

この２年間、私の所属はずっとＦＣ今治だったのです。

ＦＣ今治の代表取締役会長である岡田武史さんに「現場を見てくれないか」と頼まれたときは、二つ返事で「わかりました」と答えました。クラブに必要とされたときは、ＦＣ今治の人間としていつでも現場に戻る、常にその覚悟だったからです。

２００７年11月、当時ＪＦＡの技術委員長だった私が、イビチャ・オシム監督の後任として岡田さんに２度目の日本代表監督就任をお願いしたとき、「受けなきゃいけない仕事だと思っている」と承諾してくれた岡田さんと、今回監督を引き受けた私の気持ちには、かなり近いものがあるような気がします。

日本サッカー協会のなかでも代表強化、育成等、中枢に近いところで仕事をしていただけに、ＪＦＬ所属のチームを指揮することに違和感を持たれた方もいたと思います。確かにいくつかのプロジェクト途中での退任に関しては申し訳ない気持ちですが、現場に戻ることに対して迷いはありません。２０１９年３月17日のリーグ開幕に向けて、しっかりと準備を進めていくつもりです。

これまでの私は、ＦＩＦＡインストラクターとして世界とつながりを持ちながら、常に日本の進歩を考えてきました。ＪＦＡに籍を置いていたときは、日本中の力を結集する形での強化策の実現に力を注いできました。そうした活動と今回の監督就任は、自分としてはまったく同じ軸のなかにあるもの、一貫した歩みのひとつと捉えています。

ＦＣ今治は、四国にある人口16万人の街の小さなクラブです。

課題は多く、できることは限られているかもしれません。でも、そこでの挑戦は「日本代表が世界の強豪に立ち向かい、いかに勝利するか」という、私がこれまでに取り組んできたテーマと少しも変わることがありません。

世界における日本と、日本における今治は同じ構図なのです。大都市のビッグクラブ相手に太刀打ちするには、どうすればいいのか。

「今治から日本を変える」という岡田さんの壮大な挑戦のもとで、自分も少しでも力になれたらと思っています。

結局、日本も今治も、選手を育てていくしか強敵に勝つ方法はないと思います。

ワールドカップで頂点に立つという目標を叶えようと思ったとき、何ができるか。メンバー選考、相手の分析、質の高いトレーニングや海外遠征、自分も携わってきたこれらのことも、もちろん大切なことに違いありません。しかし、代表を集めていざ強化、それだけで勝てる時代はとうに終わっています。

カテゴリーの最上位にある日本代表の強化だけを考えていては、いつまで経ってもワールドカップを獲ることなどできない。

最も大切なこと、私たちにできることは何か——。

グラスルーツから見直し、多くの子どもたちにサッカーの魅力を感じてもらい、しっかり育成に励み、可能性のある子どもたちが成長していける体制を作る。一人ひとりの流した汗が同じ方向性のなかで積み重ねられていくことで、さらに大きな力を発揮する。そうすることで初めてワールドカップが見えてくるのではないでしょうか。

JFAは、2014年5月に『グラスルーツ宣言』を行ないました。

より豊かなスポーツ文化を育むことを目指して、〝誰もが・いつでも・どこでも〟サッカーを身近に心から楽しめる環境を提供し、その質の向上に努めることが目的です。

岡田さんがやろうとしていることも同じで、選手、いや、人間を育てることが大きな目標です。

≪OKADA METHOD≫

・日本人が世界で勝つための革新的なサッカーを確立するための指導法。

・ＦＣ今治の哲学に沿ったスタイルを実現するための「プレーモデル」をバイブルとする。
プレーモデルから導き出される「プレーの方法」「トレーニングプログラム」などを含む。

・「守破離」の考えによる一貫指導
守……基本の「原則」を知識として落とし込む。
破……「原則」の目的達成の方法を自ら見つけ出させる。
離……完全に解き放ち、本人の潜在意識の要求に従い生き生きとプレーさせる。

この「守破離」を繰り返しながら、16歳までに「守」を習得させ、それ以降「破」と「離」を繰り返し、常に「離」の状態を目指す。

細かいメソッドやトレーニング方法には触れませんが、今治の地で選手を育て、育てた選手がトップチームに昇格し、さらには日本代表にまで成長する。そのなかで、今治という街に活気を与えたいと思っているのです。

私も、いずれはアカデミー出身の選手が「夢スタ（ありがとうサービス．夢スタジアム）」でプレーする姿を思い描いています。

小さな街でも志を持って頑張ればできるということを、少しでも示したいと思いますし、もし、実現できれば日本のサッカーにもプラスになると信じています。

『ＯＫＡＤＡ　ＭＥＴＨＯＤ』や『今治モデル』がひとつの成功例となって日本中に機運を醸成し、最終的には日本が強くなる。それが、いまの私の夢です。

《今治モデル》

FC今治がジュニア、ジュニアユース、ユースと一緒になり、「今治モデル」のピラミッドを形成する。ピラミッドのなかで「OKADA　METHOD」を共有し、普及、トレセン活動、指導者養成なども進める。

もちろん、私が監督を務めるFC今治はプロチームなので、夢を追いかけるだけでなく、現実の結果も大切にしないといけません。

夢を、目先の勝負の言い訳にはしない。そう覚悟しています。それが、プロの世界です。

まずはFC今治をJリーグに昇格させる。その目標を実現したうえで、何年か先、日本全体のレベルアップに貢献できるような選手を育てていければと思っています。

簡単な道ではないでしょう。

それでも、思い切ってチャレンジしていきます!

著者紹介

小野 剛（おの・たけし）

1962年8月17日生まれ。各カテゴリー日本代表チームのスカウティング（戦力分析）活動を行い、アトランタ五輪での28年ぶりのオリンピック出場、「マイアミの奇跡」などに貢献。その後、フランスワールドカップアジア最終予選途中、岡田監督にコーチとして抜擢された。2002年には、サンフレッチェ広島監督としてチームを指揮。1年でJ1復帰を果たし、13位（04年1st）、11位（04年2nd）、7位（05年）と順位を上げる。2006～2010年まで日本サッカー協会技術委員長。その後、中国の杭州緑城でヘッドコーチ、ロアッソ熊本で指揮をとり、2019年よりFC今治の監督を務める。2009年からFIFAインストラクターとして、世界最先端のサッカーを分析するかたわら、各国を回りサッカー発展のための活動に携わっている。

カバーデザイン　山之口正和（tobufune）
本文デザイン　松浦竜矢
構成・文　粕川哲男
編集協力　三谷 悠、一木大治郎
編集　森 哲也（株式会社カンゼン）

サッカーテクニカルレポート
SOCCER TECHNICAL REPORT
超一流のサッカー分析学

発行日　2019 年 2 月 4 日 初版

著　者　小野剛
発行人　坪井義哉
発行所　株式会社カンゼン
〒 101-0021 東京都千代田区外神田 2-7-1 開花ビル
TEL 03（5295）7723
FAX 03（5295）7725
http://www.kanzen.jp/
郵便為替 00150-7-130339

印刷・製本　株式会社シナノ

ISBN978-4-86255-503-8
Printed in Japan

定価はカバーに表示してあります。

ご意見、ご感想に関しましては、kanso@kanzen.jp まで E メールにてお寄せください。

お待ちしております。